Liebe
    Lea,

ich wünsche Dir ganz viel
Freude mit meinem
Gedichtband!

   Deine
       Mira

Mira Witte

Ein Herz in Worten

Lyrik

Bibliografische Information der Deutschen
Nationalbibliothek:
Die Deutsche Nationalbibliothek verzeichnet diese
Publikation in der Deutschen Nationalbibliografie; detaillierte
bibliografische Daten sind im Internet über http://dnb.dnb.de
abrufbar.

© 2022 Mira Witte

Lektorat: Rahsan Weilert
Korrektorat: Sabrina Stumpe
Cover und Illustrationen: Mira Witte

Herstellung und Verlag: BoD – Books on Demand,
Norderstedt

ISBN: 978-3-7557-9623-7

Für meine Oma Sigrid.

Du hast immer an mich geglaubt
und mir gesagt, dass meine Gedichte
es wert sind, sie mit der Welt zu teilen.
Sie haben dich oft zum Weinen gebracht
und so hoffe ich jetzt, dass dieses Buch
dich dort oben zum Lachen bringt.

Inhaltsverzeichnis

Wenn ich an Wunder glaube	14 – 15
Niemand	16 – 22
Ein Liebesbrief an die Poesie	23 – 26
Das Leben ist Jetzt	27 – 30
Einmachglasliebe	31 – 35
Dissonanz	36 – 37
Fragen über Fragen	38 – 39
Niemand zu Hause	40 – 47
Für T	48 – 50
Familie	51
Gesellschaftsdruck adé!	52 – 55
Routinen in aller Munde	56 – 60
Mein Glanz	61 – 62
Die Suche	63 – 65
Das Wort Erwachsen ist schwer zu tragen	66 – 68
Wer gehen will, der geht	69 – 73
Regentanz	72 – 79
Verwunschene Welt	80 - 81
Bettgeschichte	82 – 85

Ist halt so	86
Kind des Universums	87 – 89
Grinsebacke	90 – 92
Ich weiß es nicht. Was würdet ihr tun?	93
Winter und Du	94 – 96
Mondnacht	97 – 99
Ganz oder gar nicht	100 – 103
Hallo Leben, bist du da?	104 – 107
Sie schreibt Magie	108 – 109
Eines Nachts	110 – 112
Mut	113 – 117
Musizierende Liebe	118 – 122
Mein Leben bin ich	123 – 126
Vielleicht wir zwei, vielleicht jeder allein	127 – 130
5 – 4 – 3 – 2 – 1 – nichts	131
All das ist mir zu klein	132 – 135
Das offene Fenster/Herz	136 – 138
Tanz der Sprache	139
Fallender Stern	140 – 142
Ein Versuch	143 – 149
Heimatfahrt	150 – 156

Mohnblume	157
Auf uns	158 – 162
Seelensplitter	163 – 166
Liebe Seele	167 – 169
Liebe für drei	170 – 175
Der Gedanke	176 – 177
Ich gab dir mein Herz	178 – 180
Busfahrt	181 – 182
Mädchen	183 – 184
Sterne	185 – 186
Mein bekleidetes Herz	187 – 191
Treibende	192
In Liebe, dein Körper	193 – 194
Wenn es nicht gut ist, ist es nicht das Ende	195 – 199
Dann ist es okay	200 – 202
Die Krankheit der neuen Generation	203 – 209
An Dich	210 – 211

Vorwort

Warum schreibe ich? Ich meine nicht nur jetzt gerade, sondern im Allgemeinen. Ich schreibe fast jeden Tag und wenn es mir mal eine längere Zeit nicht möglich ist, fühlt es sich so an, als würde mein Kopf platzen vor Worten darin und mein Geist übersprudeln vor Ideen.
Jedes Mal, wenn ich schreibe, fühlt es sich wie nach Hause kommen an. Ich schreibe, um zu mir zu kommen.
Ich schreibe, um nach Hause zu mir zu kommen. Durch jeden Satz verstehe ich mich ein kleines bisschen mehr und ich bin okay damit, dass es die Welt ist, die ich hingegen nur selten verstehe. Weil es keine Rolle spielt, denn zum glücklichen Leben befähigen kann nur ich mich und nicht irgendetwas im Außen. Das Paradoxe ist, dass wir denken, wir kommen mit Nichts auf die Welt, dabei kommen wir mit allem auf die Welt. Alles Potenzial liegt bereits in uns. Das Paradoxe ist, dass wir denken, wir gehen mit allem von der Welt, sodass wir ständig danach streben, noch mehr Besitztümer und Zertifikate zu erlangen, dabei gehen wir mit Nichts von dieser Welt.

Deshalb schreibe ich. Wer schreibt, der bleibt. Worte lassen meine Seele hier auf Erden ein Stück weit für immer lebendig fühlen. Der Mensch strebt danach, etwas Zeitloses zu erschaffen, denn er ist ein Gefangener der Zeit. Der Mensch strebt danach, etwas Beständiges zu hinterlassen, denn er lebt in einer Welt des Wandels. Er ist es dabei selbst, der sich immer weiter wandelt.
Ein Grund, warum wir auf der Erde sind und was uns alle miteinander verbindet, ist das Streben der Seele nach Wachstum. So hoffe ich, dass dieses Buch Dich wachsen lässt.

Mich jedenfalls wandelt das Schreiben. In jedem Wort finde ich Anteile meiner Selbst. Manchmal sind sie von heute, manchmal noch ungelebt und sie lassen sich der Zukunft zu sortieren. Manchmal sind die Worte auch von gestern, denn sie sind zu klein für die Mira von heute. Aber das ist nicht schlimm, auch wenn es mir oft Angst macht. Ein kleines Kind versucht auch nicht, sich schmerzhaft in Schuhe zu quetschen, aus denen es längst herausgewachsen ist. Vielleicht trauert es seinem alten Paar manchmal hinterher, doch freut es sich dann über die neuen Schuhe. Jeder Text ist für mich wie ein neues Paar Schuhe. Manchmal tut er am Anfang weh und muss erst eingelaufen werden. Manchmal ist es Liebe auf den ersten Blick und ich möchte ihn mir nie wieder von den Füßen streifen. Und manchmal, da ist er auch ein Schutz vor Narben, Steinen, Härte und der Kälte. Doch immer wechsel ich mit ihm den Standpunkt und ich gehe an neue Orte. Manchmal sind sie mir bekannt, hin und wieder sind sie mir auch unbekannt. Aber niemals sind sie mir fremd. Egal was und wann und worüber ich schreibe, es führt mich niemals von mir weg, sondern immer mehr zu mir hin. Darum schreibe ich.

Und es ist okay, wenn nichts anderes von mir bleiben würde.

Wer schreibt, der bleibt.

Wenn ich an Wunder **glaube**

Ich habe beschlossen, an Wunder zu glauben,

doch jeder Morgen wischt mir den Glanz von den Augen.

Ich kämme mir vor dem Spiegel

die Wildblumen aus dem Haar,

doch die Euphorie aus dem Traum

ist längst nicht mehr da.

So sehe ich Falten, sie graben sich tief.

So wie ich im Traum in den Wald hinein lief.

Und ich weiß nicht, war das eine Vision?

War das mein Selbst, das mich rief?

Die Stimme vertraut und gleichzeitig fremd.

Ich frage mich,

was hat eine andere für Gedanken,

während sie sich die Haare kämmt.

Und wünscht sie sich dann auch

anstatt in Blazer und Kleid,

in ein zerrissenes Hemd?

Mein Willen spielt Puzzle,

ich kann das Bild nicht mehr sehen.

Und doch bleib ich hier stehen,

mit dem Entschluss fest in der Hand:

Eines Tages werde ich mich lachend hier sehen,

denn ich habe mich als Wunder erkannt.

Niemand

Auf diesem Stuhl sitze ich hier,

in meinem Zimmer.

Alles zerbricht über mir,

denn ich habe keinen Schimmer,

wer ich tief in mir bin.

Ich strecke meine Fühler

und richte meinen Sinn,

nur aus nach den Stimmen dort draußen.

Ich bin wie der Schüler,

der zwar erst hinterfragt

und dann doch das schreibt,

was man ihm sagt.

Denn wenn ich es wag',

mal nicht zu denken

und meine Handlungen nur nach Gefühlen zu lenken,

fahre ich oft gegen einen Baum.

Wie soll ich mich da trauen,

einen anderen Gang einzulegen

und einen Weg zu fahren,

der noch keine Reifenspuren hat?

Wie soll ich meine Selbstzweifel wegfegen,
meine Kräfte einsparen
und sie statt -
in gut und schlecht zu unterteilen,
annehmen?
Und Bedürfnisse nicht wegdrücken,
nur um in Gesellschaft zu verweilen.
Und so sitze ich hier allein,
mit mir als mein Gewand.
Im Versuch, jede zu sein,
bin ich eher Niemand.

So versuche ich mehr die zu sein,
die du in mir siehst.
Ich versuche, dir zu gefallen
und sehe in deinen Augen,
wie du diese Version von mir genießt.
Wie schade,
dass etwas scheinbar Gutes oft 'nen Haken hat,
der erst später erscheint.

Und man anstatt -

den Haken abzuhaken,

ihn erst einmal beweint.

So dachte ich,

die für dich,

kann ich wirklich sein.

Doch nur mein Innerstes

bringt mein Gesicht zum Schein.

In deinen Augen konnte ich mich nicht finden.

Mein Wunsch die für dich zu sein,

konnte den Augenaufschlag nach dem Traum

doch nicht überwinden.

Und so stehe ich hier allein,

mit mir als mein Gewand.

Im Versuch, jede zu sein,

bin ich eher Niemand.

Ich habe mal versucht,

jemand anderes zu sein.

Ich war von Menschen umgeben

und trotzdem allein.

Ich habe zu viel getrunken,

um durch die Doppelperspektive mehr wert zu sein.

Ich wollte mich äußerlich verändern,

um überhaupt irgendjemanden zu gefallen.

Mit dem unsicheren Inneren,

hat sich mein Außen verfestigt.

Ich frage mich,

bin ich eine Gewinnerin,

wenn ich durch Versionen von mir hetz',

ich -

fühle mich wie ein Windspiel

und habe den Boden unter den Füßen verloren.

Ihre Blicke und Worte bedeuten mir so viel.

Ich habe sie als mein Urteil auserkoren.

Doch jetzt stehe ich hier allein,

mit mir als mein Gewand.

Im Versuch, jede zu sein,

bin ich eher Niemand.

In jeder Nacht

stelle ich mir vor,

wie ich ganz perfekt bin

und wie mir das Aufstehen keine Angst mehr macht.

Weil ich wie der Gin aus der Flasche,

alle Hemmungen abwasche.

Ich habe schon früh gelernt,

mich perfekt zu verbiegen.

Am besten um 180 °C.

Nur scheine ich mir nun so entfernt

und falsch.

Durch diese Kopfansicht

beginnt Übelkeit zu siegen.

Vom Leistungsdruck

und Alltagsruck wird mir schlecht.

Ich habe das Gefühl,

egal was ich tu,

ich werde weder der Welt noch mir gerecht.

Ich traue mir oft nur das zu,

was mir zugesprochen wird.

Ich ergreife nur das Wort,

wenn es auch niemanden stört.

Und weil mich nun wieder keiner hört,

sitze ich hier allein,

mit mir als mein Gewand.

Im Versuch, jede zu sein,
bin ich eher Niemand.

So lasse ich Hüllen fallen
und trete vor die Tür.
Ich lasse sie mit einem Ruck ins Schloss knallen,
sodass ich außer dem Beben nichts mehr spür'.
Hey Leute, schaut her,
denn ich bin es wert
und weder meine Kleidung,
noch meine Aussprache,
noch meine Meinung ist verkehrt.
Doch warum macht ihr es so schwer,
Fuß zu fassen, echt und verletzlich zu sein?
Mit Fehlern vollkommen erschein'
und etwas zu probieren,
auch wenn ich's noch nicht sicher kann?
Auch schiefe Töne können harmonieren
und bilden einen Klang,
zu dem ich heute tanzen werde!
Ich bin nicht hier,
um der Herde zu folgen.

Und mit dem Wissen,

meine Seele ist golden,

stehe ich hier zwischen euch,

mit mir als mein Gewand.

Bei jedem Atemzug bin ich ich selbst

und nicht mehr irgendjemand.

Ein *Liebesbrief* an die Poesie

Wenn das Korsett der Regeln mir den Atem nimmt,
löse ich mit jedem einzelnen Vers einen Knopf,
sodass ich wieder atmen kann.
Der kreative Prozess beginnt
und ich komme in der Gegenwärtigkeit an.

Im schöpferischen Funken
liegen Welten vergraben.
In dem Meer tief versunken,
leuchtet alles in den schillerndsten Farben.

Der Stift zieht mich aus,
nimmt den Schleier von meiner Seele.
Mein Herz dem Kopf weit voraus
und es ist egal,
welchen Weg ich wähle.
Denn es gibt keine falsche Entscheidung
und nun wage ich den Sprung,

mit Stift und Papier,

näher zu mir.

Mit jedem Wort werde ich leichter,

löse auf Gedankengeister.

Den Knoten in meinem Kopf,

enttüddel ich wie ein Meister.

Und wenn eine Träne aufs Papier tropft,

weiß ich, die Zeilen sind richtig.

Und meine Worte sind wichtig,

die ich zu sagen habe.

Es ist Zeit,

meine Stimme zu erheben

und in mir drinnen etwas zu bewegen,

das dann sichtbar wird im Außen.

Und ist es wieder mal so laut dort draußen,

wird es umso leiser in mir.

Denn auch bei Sturm weiß ich,

dass ich den Stift nie aus meinem Griff verlier'.

Aus dem Nichts etwas erschaffen,

wie Gott im Schöpfungsbericht.

Stifte, Papier und Farben als meine Waffen.

Wenn die Schreibfeder die Regeln ersticht,

habe ich endlich wieder freie Sicht.

Ich sehe die Vögel singen.

Ich höre die Schmetterlinge tanzen.

Ich rieche die Sonnenstrahlen.

Ich fühle das Mohnblumenfeld.

In meiner Kreativität erschaffe ich mir meine Welt.

Und als mein sicherer Hafen,

weiß ich, dass sie jeder Flut standhält.

Ach, ich liebe dich,

du Poesie!

Und ich falle tagtäglich vor dir auf die Knie.

Danke, dass du da für mich bist

und mein Wohlbefinden nie vergisst.

Ich freue mich, auf weitere Zeiten mit dir.

Und ich habe keine Angst,

dass ich mich in schlechten mal selber verlier'.

Denn ich weiß,

du führst mich zurück

und du lässt mich mich wieder ganz fühlen,

Stück für Stück.

Das Leben ist Jetzt

Es ist Zeit,

uns mit der Gegenwart zu vernetzen

und nicht ständig von Vergangenheit zu

Zukunft zu hetzen.

Ein Atemzug reicht,

um von gestern befreit,

die Fülle zu sehen

und zu genießen.

Anstatt bereits mit einem Bein im Morgen zu stehen

und vertrocknete Blumen von gestern zu gießen.

Wir wollen größer, weiter, mehr.

Hetzen großen Visionen von uns hinterher

und verlieren dabei den Menschen,

der wir gerade sind.

Wir haben Angst vor Ängsten,

die im Morgen sind,

sodass ein Haufen Sorgen

in unserem Kopf

zu viel Raum einnimmt.

Wir machen uns Notizen,

die wir morgen leben.

Doch sind wir alle Novizen

in diesem Leben.

Wir können uns nicht immer geradlinig fortbewegen.

Doch vergessen wir oft,

weil wir denken: „Das muss so!",

das Spinnennetz an Regeln in unserem Kopf.

Wir fallen auf den Po

und rutschen aus auf hohen Erwartungsleistungen.

Wir retuschieren blaue Flecken,

weil niemand gerne vergangene Spuren an sich trägt.

Nachts starren wir leblos an die Decke

und sehen nicht,

wie auch der Mond seine Phasen durchlebt.

Wir malen uns aus,

wo wir morgen sein wollen

und vergessen dabei zu sein.

Aus unserer Farbtube kommt nur Unzufriedenheit heraus,

weil wir nur das sagen, was wir sollen

und nicht das, was wir mein'.

Wir springen ins eiskalte Wasser,

um Gedanken einzufrieren.

Doch vergessen,

dass wir durch das Nicht-zuende-denken

Sorgen konservieren.

Unser Lachen ist in Stein gemeißelt

und unsere Frisur sitzt perfekt.

Wir sind darauf bedacht,

dass unser Schmerz bleibt versteckt

und sehen dabei nicht,

wie das Vergangene und das Zukünftige

unser Heute befleckt.

Leben in Slow Motion,

als der neue Neujahrsvorsatz.

Doch vernetzen sich Vornahmen und Taten

nicht so ratzfatz.

Denn Systeme sind träge,

vor allem die von Menschen.

Neuland kommt mit alten Mustern ins Gehege

und so stößt Veränderung auf Grenzen.

Wir können nur im Heute bewegen,

was wir morgen wollen leben.

Doch müssen es nicht gleich Steine sein,

die wir zum Rollen bringen,

weil wir dann oft vergessen,

rechtzeitig abzuspringen.

Einen Samen zu setzen reicht auch.

Uns mit der Natur zu verbinden zeigt auf,

dass Leben langsam sein darf.

Denn dann stellt jeder Moment

seinen Fokus automatisch scharf.

Unser Lieblingslied läuft trotzdem weiter,

auch wenn wir schiefe Töne singen.

Quokkas sind nicht immer heiter,

auch wenn Mundwinkel bis zu Ohren springen.

Es geht nicht ums perfekt,

sondern ums Sein.

Denn deine Sicht auf morgen bleibt verdeckt,

nur der Blick auf heute ist rein.

Einmachglasliebe

Ich blicke auf alte Fotos,

von dir und mir.

Verspüre Hunger nach dir.

Schreite in Richtung Vorratskammer,

auf dessen Weg ich den Appetit verlier'.

Denn in den Räumen riecht es schon

längst nicht mehr nach dir.

Ich hoffe, dich zu finden,

zwischen Tomatendosen und Gemüsekonserven.

Doch haben wir unsere Reserven

schon aufgebraucht.

Neben dir bin ich so oft aufgetaut,

doch sind unsere Gefühle eingefroren.

Irgendwo zwischen Tiefkühlpizzen

haben wir uns verloren.

In unserer Zutatenliste standen zu viele Zusatzstoffe.

Und ich hoffe,

ich kriege mein Leben auch ohne hin,

weil ich wie nach Schokolade,

süchtig nach dir bin.

Wir wollten unsere Liebe länger haltbar machen,

durch Chemie.

Nun ist meine Darmflora gestört,

ich habe dich nicht gut vertragen.

Ich habe noch nie -

gern auf mein Sättigungsgefühl gehört.

Wir haben uns mit uns überessen.

Und etwas nochmal aufzukochen,

kann den Nährstoffen nur schaden.

Alles, was wir waren,

steht schon zu lange im Regal.

Denn nach all den Jahren,

sind all die Versprechen egal.
Auch unsere Liebe hat ein Verfallsdatum
und so stehe ich hier allein.

Wünschte anstatt hier zwischen Einmachgläsern,
neben dir zu sein.
Unsere Liebe lässt sich nicht einkochen.
Küsse verlieren an Geschmack.
Doch mein Herz schlägt auch nach Wochen
immer noch deinen Takt.

Wir haben uns aneinander verbrannt
und sind zusammen in die falsche Richtung gerannt.
Haben das falsche Rezept ausgewählt
und blind befolgt.
Nicht abgeschmeckt,
zu viel gewollt
und uns nicht alle Zutaten erzählt.
So blieb der Zucker versteckt.
Die Suppe ist versalzen,
zu viele Tränen sind hinein geflossen.

Die Köchin war verliebt,

doch hat unserer Beziehung die Würze gefehlt,

sodass unsere Liebe versiegt.

Alles sauber geschichtet.

Immer wieder gut umgerührt.

Nur unsere Lieblingsspeisen besichtet

und uns dabei zu wenig berührt.

Den Abwasch erledigen,

wieder mal allein.

An der Küchenzeile lehnen,

um neben dir einsam zu sein.

Der Backofen läuft auf Hochtouren,

doch Herzen lassen sich nicht vorheizen.

Wir versuchten zu trennen die Spreu vom Weizen.

Für uns sind alle Uhren abgelaufen.

Der Kuchen ist verbrannt.

Du sagst: „Wir könnten ja einen fertigen kaufen."

Doch schmeckt auch der trocken wie Sand.

Ob ich dich nochmal probiere?

Ob ich dich nochmal koste?

Auch wenn ich eine allergische Reaktion riskiere,

warst du der einzige, den ich wirklich mochte.

Dissonanz

Aus Abstammung wird Fluch
und meine Wurzeln werden zu Schlingen,
die sich fest um meine Füße ziehen.
Weil eure Leben in anderen Tönen klingen,
tanze ich allein und mich von euch fern.
Zu fliegen konnte ich nie erlern',
bin doch immer nur gefallen,
hat mein Weg euch noch nie.
Und wenn stumme Schreie in
heimischen Wänden verhallen,
war ich es,
die euch wieder mal eure Definition von Liebe verzieh.

Immerzu wünsche ich mich fort
und doch euch als meinen Heimatort.
Wir leben Leben Rücken an Rücken,
haben uns schon lange
nicht mehr wirklich in die Augen gesehen.
Denn dann müssten wir Schutzschilder zücken
und durch Täler von Halbwahrheiten gehen.

Jeden Abend seh' ich eure Schatten um mich wabern
und sie verdecken meinen Glanz.
Gleiches Blut fließt durch unsere Adern
und doch schlagen unsere Herzen in Dissonanz.

Fragen über Fragen

Ich frage mich:
Habe ich früher mehr an das Gute geglaubt?
Zerfielen durch eine schlaflose Nacht
Träume auch gleich zu Staub?
Verursachte der Anblick der Sterne
nicht mehr Angst davor zu wenig zu leben,
anstatt Sehnsucht auch zu ihnen
nach oben zu schweben?

Ich frage mich:
Habe ich früher das Glas zu viel nicht aus Kummer,
sondern aus Spaß in mich gekippt?
Nachrichten ohne Angst getippt,
die große Liebe doch nicht zu finden?
Habe ich dem Leben leichtere Fragen gestellt?
Und das Himmelszelt
als grenzenlos empfunden,
anstatt als erdrückend in einsamen Stunden?

Ich frage mich,

wonach ich greifen wollte

und ob auch alles so schnell

zwischen meinen Fingern zerrann.

Ich frage mich,

ob ich verlieren sollte,

einfach nur damit ich die Dunkelheit gewann.

Niemand zu Hause

Der Sturm wütet –

draußen -

ich fühle mich im Innern nicht behütet –

im Außen,

scheint sich

so viel zu verändern

doch ich

werde keinen neuen Weg

entlang schlendern.

Denn, wenn ich mich beweg',

werde ich sichtbar

und meine Tarnung

ist dahin.

Ich stelle eine Gefahr dar,

ja, habe verstanden eure Warnung,

sodass ich lieber nicht bin.

Schwerelos luftig leicht

doch hinterlässt meine Seele Trampelpfade.

Und wenn,

Schwere der Leere weicht

und ich kenn',

was dann noch bleibt,

gibt es nichts, dass mich

vorantreibt

weil nicht mal ich,

übrig bleib.

Wenn ich mir sag:

„Hey, es ist Zeit!"

Aber nichts wag',

denn der Weg ist weit,

wütet um mich herum,

alles weiter.

Je mehr ich verstumm',

nehme ich Abstand davon,

dass ich scheiter.

Der leere Waggon,

die einsame Fahrt.

Das bedeutende Zitat,

als geflügeltes Wort,

durch das ich aber auch nicht zu fliegen vermag.

Doch Hauptsache fort,

von alledem hier.

Ich kenne eh keinen Heimatort,

stand schon immer neben mir.

Und das vertrocknete Blatt,

als Reise-

proviant

denn auf diese Weise,

ist zu leben,

nicht mehr relevant.

Da ich nichts hab',

muss ich nichts geben.

Nimmt Gewicht ab,

lässt es mich schweben.

Leere Augen,

schwarze Sicht.

Es gibt nichts zu rauben.

Und wenn
du brichst,
wirst du dich nur trenn',
von einer weiteren Schicht,
die sowieso nicht ganz so
richtig war.
Und ich weiß,
du bist froh,
dass ich mir Ratschläge eigentlich spar'.
Vergebener Fleiß,
meine Stimme ganz leis'.
Worte reichen nicht weit,
gegen den Wind,
schallt alles zurück,
und nichts, dass ich find',
lässt sich anfügen als Stück
meiner Selbst.

Ich habe noch nie

ins Muster gepasst,

egal wie laut ich auch schrie,

Rutsche ich ab –

fast,

denn eine Hand,

die mich hält,

war nur ein Ast,

der zerschällt.

Konnte mich selber nicht mal

hören

Nur eine Zahl,

konnte mich stören,

in diesem leeren

Gedankenkreisen.

Konnte mich damit ehren,

Gefühle zu vereisen.

Geht alles drunter
und drüber,
wird es zur Schlitterpartie.
Gehe ich unter
oder springe ich drüber,
entscheiden konnte ich mich noch nie.

Meine Gedanken ziehen ihre Bahnen,
legen Bestzeiten zurück.
Ich bin ein Meisterathlet
alles zu zerdenken,
Stück für Stück.
Und weil immer noch was geht
zu reduzieren an mir,
wird weiter Gewicht
abgeworfen
wodurch ich allerdings nicht
an Ballast verlier'.
Wunden dürfen verschorfen,
doch reiße ich sie immer
wieder auf.

Ich habe keinen Schimmer,

warum ich immer gegen Wände lauf'.

Hört die Blutung auf,

setzt Wundheilung

ein.

Doch versuche ich zur späten Stund'

einzuschlafen,

um nicht dabei zu sein.

Und es ist niemand

zu Hause.

Ich bin weggerannt,

ohne Pause.

Zu wenig Luft

geholt.

Der Duft

riecht verkohlt.

Mein Körper

ausgebrannt.

Und wenn ich erörter,

wieso ich mich in diesem Leben nicht fand,

komme ich zu dem Fazit,

dass ich bisher habe gelebt,

nach nur deren Prinzip.

Ich bin nicht da.

Für T

Ich habe vergessen, wie es ist zu lieben,

mich den Klängen meines Herzens hinzugeben

und meine Gefühle zu tanzen.

Nähe muss ich einen Riegel vorschieben,

ich darf meine Finger nicht mit deinen verweben

und muss meine Sehnsucht tief in mir verschanzen.

Doch es tut weh, sie zerfrisst mein Herz.

Nimmt es auseinander, Stück für Stück.

Sodass ich vor Tränen nichts mehr seh',

außer diesen mich anlächelnden Schmerz

und die blutende Wunde, die mir mein Glück verwehrt.

Ich trete ins Sonnenlicht

und fühle mich in ihrem Schein so verkehrt.

Denn in mir ist Nacht

und eiserne Schwärze, an der jede Hoffnung zerbricht.

Höre ich sie doch mal ganz sacht,

habe ich Angst, dass sie wieder nur hinterhältig lacht.

Ich würde mich so gerne spüren, in Verbindung mit dir.

Ich würde deine Haut gerne berühren,

ohne dass ich mich selber verlier'.

Denn ein jeder von uns zwei, ist für immer frei.

Nur weiß ich,

dass ich mir gespiegelt in deinen Augen am besten gefall'.

Heute möchte ich springen, mit dir an meiner Hand.

Ich möchte keine Liebeslieder singen,

da ich in keinem einzigen bisher unsere Liebe fand.

Denn wir sind so viel mehr

und so viel größer

und manchmal macht es mir Angst,

wie ich mich nach dir verzehr.

Weil du nichts verlangst,

gebe ich alles von mir her.

Familie

Wir bilden eine Einheit

und ein buntes Lichtermeer.

Jeder strahlt in seiner eigenen Farbe.

Gemeinsam leuchten ist nicht schwer.

Menschen bilden ein Zuhause.

Heimat, weniger ein Ort,

mehr ein Baum aus menschlichen Existenzen.

Wir hören Halt in jedem Wort

und sehen Liebe in den Augen glänzen.

Wenn ich mich wiederfinde,

in den sich gleichenden Gesichtern

und so meine Selbstzweifel überwinde,

denn ein Jeder ist hier gut genug.

Wir haben die gleichen Wurzeln,

doch jeder eine andere Blüte,

die er im Sommer trug.

Doch auch das Verblühen ist willkommen.

Hier wird die Liebe behütet

und die Angst genommen.

Gesellschaftsdruck *adé!*

Immer wieder andere Farben vermischt,

doch das Ergebnis bleibt grau.

Immer wieder den falschen Farbton erwischt.

Man sagt, erst durch Fehler wird man schlau.

Doch wenn ich zurückschau',

sehe ich einen Altpapiercontainer voll

mit zerknülltem Papier.

Alles Fehlversuche.

Doch bevor ich mich in meinen Gedanken verlier',

notiere ich sie hier,

auf einem grauen Blatt Papier.

So oft übergemalt,

mit meiner zitternden Hand.

Mich verrechnet und zu viel bezahlt.

Doch blieb immer ein Rest

und ich stellte fest,

auch das reicht aus um zu leben.

Denn um etwas zu geben,

braucht man nicht viel.

Vielleicht sogar nichts,
außer ein gemeinsames Ziel.

Ich konnte nie gut gerade Linien zeichnen,
einfach so aus freier Hand.
Vielleicht ist das der Grund,
dass ich mich erst auf Umwegen wirklich fand.
Sah mich mal einen Berg erklimmen,
dann mit dem Schlitten ab ins Tal.
Oft auch gegen die Flut schwimmen,
dann schwerfällig wie ein Wal.
Mich in Wäldern gern verirrend,
um auch mir mal fern zu sein.
Um mich dann selber neu zu finden
und mir noch mehr zu gefall'n.
Ich würde so gerne in gold schreiben
und mich in silber zeichnen.
Glänzen und leuchten,
dir meine Welt zeigen.
Doch bin ich nicht immer das, was ich sage.
Und wie ich mich zeige,
stellt mich selbst oft in Frage.

Oft mehr Staub als Glanz

und Dunkel anstatt Licht.

Ich sehe dann oft meine eigenen Füße nicht.

Und so stolper und falle ich,

fast.

Ich ziehe meine Jacke enger um mich,

sodass kein Luftzug dazwischen passt.

Denn ich möchte nicht getrennt sein,

von mir und dieser Welt.

Ich weiß, wenn heute Nacht

ein Stern vom Himmel fällt,

bin ich es, die es schafft,

ihn behutsam aufzufangen,

bevor er auf dem Erdboden zerschellt.

So trete ich aus der Dunkelheit.

Schwitzige Hände,

für den Sprung bereit.

Denn nur so lerne ich zu fliegen,

mir in den Weg gelegte Steine zu verschieben

und mich selber zu verwundern,

mit welchem Flügelschlag ich aufsteig'.

Dann eine sichere Landung zeig',

auf Wolken sanft gebettet.

Ich hätte nie gewettet,

dass all das in mir liegt.

Und ich bin jetzt so dankbar,

dass stets die Liebe über die Angst siegt.

Routinen in aller Munde

Morgens aufstehen

und den altbekannten Film abdrehen.

Schlaftrunken 'nen Löffel Öl in den Mund.

Morgenmantra summen,

doch färbt es meine Laune auch nicht mehr bunt.

Denn ich fühl's schon lang nicht mehr.

Warmes Ingwerzitronenwasser als Trunk,

für den Extraboost.

Und das alles fällt nicht schwer,

weil es auf Gewohnheit fußt.

Ich bin gestellt auf Autopilot

und wonach mir wirklich ist,

spielt auch keine Not.

Denn das macht man ja so

und jeder ist über Routinen froh,

weil sie so schön einfach sind.

Und sicher und bequem.

Würde es bei mir morgens intuitiv

mal anders abgehen,

müsste ich mich ja verstehen.

Oder es zumindest versuchen.

Immer wieder muss ich mich verfluchen,

wenn ich doch schon vor 8 Uhr

auf mein Handy schau,

denn ich weiß eigentlich genau,

das ist nicht schlau,

weil dann andere Menschen rufen -

nach mir

oder Instagramprofile.

Ich verpasse dann,

wie ich mir selbst passier',

während ich so auf die strahlende Instawelt schiele.

Mich auf der Matte zu verbiegen,

nur um Minuten der Selfcare vollzukriegen.

Und noch eine Seite des Ratgebers lesen,

der mir erklärt, was für ein Wesen ich bin.

Doch oft finde ich erst meinen Sinn,

indem ich lebe,

spontan und unvorhergesehen.

Indem ich einfach so in den Tag schwebe
und es mal nicht meine Aufgabe ist,
meine Gefühlswelt in Anbetracht
des Mondstandes zu verstehen.

Meditieren ist doch Mist,
wenn ich es nicht fühl'.
Wenn Meeresrauschen mein Rhythmus ist,
in dem ich atme und mein Gefühl dabei ertrinkt
und meine gute Laune in der Smoothiebowl versinkt.
Denn ich hätte jetzt viel lieber ein Nutellabrot
und dieser Apfel ist mir auch zu rot.
Ich hätte die Farbe lieber auf den Lippen.
Aber nachhaltig ist das nicht
und so schmiere ich mir die klimaneutrale
vegane Gesichtscreme ins Gesicht.
Und auch ein kleines Lächeln,
denn so eine Routine tut ja gut.
Und Veränderung braucht Mut
und jeder Tag ja sowieso.
Da bin ich froh,
dass meine Wohnung als sicher gilt

und sich nichts Unerwartetes
unter dem Bett versteckt,
dass der Wecker zur immer
gleichen Uhrzeit schrillt
und eine sanfte Pfote mich
aus meinen Träumen weckt.
Die Schlummertaste als größter Feind,
weil sie es nur kurzweilig gut mit einem meint.
Doch ist es so leicht zu träumen
und so anstrengend bereits morgens
in der Seele aufzuräumen.

Wenn ich mir einen Fokus für den Tag setze
und dann eilig von Termin zu Termin hetze,
verliert er sich gerne mal in den Zwischenräumen.
Und dann das Dancen ganz intuitiv,
dazu singen,
egal wie schief.
Gedanken beobachten,
wie sie wie Wolken am Himmel vorüberzieh'n.

Warte, ob sie da gerade lachten?

Oder ob es mir nur so erschien?

Ich darf sie nicht halten,

denn mein Back-Office mit so

vielen Dokumenten zu verwalten,

ist schwer

und raubt Energie.

Doch ist der Kopf leer,

würde ich nie

dieses Gedicht schreiben,

mich in Ironie kleiden

und ein Stück auch in Ernsthaftigkeit.

Mein *Glanz*

Nichts passiert.

Die Leere schmerzt,

weil sie auch wehtun kann,

mit ihrem Dunst und Nebel,

in dem ich mich verfang'.

Die Leere,

zum Greifen gefährlich nah.

Potenzial an Dinge verschwendet,

Energie an falsche Adressen gesendet.

Wenn ich mich selbst wieder verliere,

darüber meditiere,

und mich wieder mal verzettel im *Oder*.

Der herabschauende Hund im Yoga,

als Lieblingsposition.

Ich habe schon zu oft runter geschaut.

Den Kopf zu heben,

dem Wind des Lebens entgegen.

Es ist an der Zeit.

Ich will mich zeigen,

nackt, verletzlich und rein.

Will in meiner Weiblichkeit vollkommen sein.

Mein Licht gedimmt,

weil man ungern viel Raum einnimmt.

Doch kann meine Bühne jetzt nicht groß genug sein.

Ich bin mir alles,

ich bin alles mein.

Das Scheinwerferlicht auf mich gestellt

und mein Glanz erhellt die Welt.

Die Suche

Vertrauen mit dem Gegenspieler Angst.
Wie eine Brücke, die ohne Pfeiler schwankt,
ist das hier eine Hängepartie.
Zwischen dem Takt des Verstandes
und der Herzensmelodie,
hänge ich in den Seilen.
Ich möchte hier nicht verweilen,
an diesem Ort,
an den ich nicht hingehöre.
Mit den falschen Stimmen,
die ich heraufbeschwöre.
In der Gestalt,
die ich nicht wirklich bin.
Die Frage, wo bin ich eigentlich hin,
eröffnet einen Weg,
der aus Gefahren, Trauer, Schmerz,
aber auch aus Lachen, Freude, Scherz –
besteht.
Ein Wachstumsprozess,
über die eigene Höhe hinaus.

Dem Horizont immer näher,
mit voller Kraft voraus.
Denn auf den Fluss der Erkenntnis
folgt der Mut zur Veränderung.
In dem Meer,
in dem mein Schiff einst sunk,
schwimme ich schon nicht mehr.
Nun betrete ich unbekanntes Land,
auf der Suche nach dem,
was ich bisher noch nicht fand.
Auf der Suche nach mir,
nach meinem Selbst,
das sich aus Angst vor
Unvollkommenheit versteckt hält.
Ich flüstere sanft,
ich flüstere ihm zu:
„Beende den Kampf,
leg die Waffen nieder.
Dir sei versichert,
auch nach Niederlagen,
ich komme immer wieder.

Vertraue doch und höre mir zu,

sowohl das Licht als auch der Schatten,

das bist du."

    —   *ich liebe dich.*

Das Wort *Erwachsen*

ist schwer zu tragen

Ich vermisse die Zeiten,

in denen ich gehalten wurde von Händen,

die mich seit dem ersten Tag begleiten.

Jetzt zerrinnt die Nähe oft an den Wänden,

ich tu so, als dass ich es nicht sähe,

dann tut es vielleicht nur halb so doll weh.

Heute reicht es mir,

dass ich noch immer auf beiden Beinen steh'.

Denn der Kopf

in den Wolken

ist wie der lose Knopf,

an meiner Bluse

- bald schon verloren.

Doch mache ich es ihm nach

und klammere mich an diesen einen Faden.

Ich hab' schon längst verinnerlicht,

dieses Wort *Erwachsen* ist ziemlich schwer zu tragen.

Wenn die Füße nicht mehr wachsen,

ausbleibende Grüße an meinem Herzen kratzen,

weil meine Füße trotz Designerschuhen,

die ich mir jetzt leisten kann,

nicht unter euren Tischen ruhen.

Ich würde beim Erwachsenwerden,

so gern das *E R* ausklammern,

vielleicht werde ich dann hinzusummiert,

zu irgendjemandem hier auf Erden.

Doch mit der Mathekarriere

hat es nicht so funktioniert.

Und weil das Leben nur schwere Diktate diktiert,

ist mein Lebenslauf durchsät

von roter Korrektur,

und wenn sich alles nur um Zahlen dreht,

wo bleibt dann die Zensur?

Denn ich fühle mich so fehlinformiert

über das Leben,

das mir gerade passiert.

Sich in fremden Zimmern zu Hause fühlen.

Mit leisem Wimmern,

den Koffer nach dem Lieblingsshirt durchwühlen,

um ein kleines bisschen Halt zu finden.

Wenn der Wind rauscht durch die Linden,

wird in mir das Kind laut,

das versucht, sich beruhigende Gute-Nacht-Geschichten

von früher zu erzählen.

Oder von Lieblingsgerichten,

die mit extra viel Nutella zu wählen.

Doch auch Pfannkuchen

machen es nicht leichter zu leben.

Ich bin noch dabei zu suchen,

wie viel ich beim Erwachsenwerden geben

muss, ohne etwas zu verlieren.

Denn eigentlich möchte ich es schon gerne sein,

nur erscheint mir die Definition davon als zu klein.

Als zu klein gesehen,

zu eng gelebt.

Ich vermisse die Freude,

die das Herz bewegt.

Wer *gehen* will, der geht

Zeichen falsch gedeutet,

ich nehme deine Hand,

doch du lässt meine fallen.

Ich sehe Blaulicht für uns,

doch jede Rettung kommt zu spät.

Wie kann es sein,

dass man die Liebe so oft falsch versteht?

Ich hätte alles getan,

um dich zu halten,

doch genau dadurch habe ich dich verloren.

Wir haben uns *für immer* geschworen

und sind dann an unserem Schwur zerbrochen.

Er liegt da in Scherben

und in jeder einzelnen sehe ich uns.

Eine Träne perlt,

sie steht für den Wunsch,

mich so zu sehen,

wie du mich gesehen hast.

Neben dir war ich stark
mit all meinen Schwächen.
Ich hätte nicht gedacht,
dass wir an unseren Stärken zerbrechen.
Denn manchmal verlieren wir,
wenn wir gewinnen.
Manchmal riskieren wir uns,
wenn wir uns zu lange an jemanden binden.
Lieben heißt manchmal,
dass Teile von einem schwinden
und andere sich verstärken.
Ein Ende wäre wohl kein Ende,
würde man es vorher bemerken.

Die Liebe trifft einen wie ein Pfeil,
doch zieht sich nur langsam zurück,
so zäh wie ein Kaugummi.
Das Gehirn vergisst irgendwann,
doch ein Herz, das vergisst nie.
So bleibe ich stehen
und sinke auf die Knie.
Ich kann mich nie oben sehen,

wenn ich immerzu Regentropfen auffang'.
Dein Pullover durchnässt,
du liehst ihn mir eines Nachts
und so sind wir zerlaufen,
so wie wenn man in den Schnee fässt.
Warum tut es eigentlich immer weh,
wenn man jemanden verlässt?

Ich kann mich nicht erinnern,
bist du gegangen oder ich?
Das ist der Nachteil,
wenn man sich blind versteht
und zu wenig spricht.
Jetzt passiert es,
dass ich an einem Satz so lange herumpfeil',
dass er den Bus verpasst.
So dreh ich noch 'ne Runde durch den Block,
durch vertraute Straßen,
doch ich fühle mich wie ein Gast.
Wenn auch nur ein Puzzleteil fehlt,
kein Teil mehr zueinander passt.

Wir hatten keine Angst vor unseren Schatten,

so hielten wir uns klein.

Denn mit Licht betrachtet,

würden wir sichtbar sein.

Und wir hätten erkannt,

wir haben uns durch die Flucht vor unserem Licht

in unseren Schatten verrannt.

Verheddert, verfangen.

Tränen liefen über die Wangen

und weil du sie alle verstanden hast,

hast du vergessen, sie aufzufangen.

Uns hat oft die andere Perspektive gefehlt,

weil wir alles teilten.

Doch hat der eine sich mal verzählt,

konnte der andere nicht mehr Schritt halten.

So ging es auseinander,

unsere Wege und wir.

Du hast mich nicht aufgehalten

und auch ich hielt dich nicht bei mir.

Wer gehen will, der geht

und es ist so paradox,

dass mir ohne dich jetzt weniger fehlt.

Wie die Serie *Unter Freunden stirbt man nicht*
auf Vox,
auch wieder so ein Versprechen gebrochen.
Doch waren wir ja auch mehr als Freunde
und Liebe und Tod,
stehen manchmal eng bei einander.
Ich wünschte, unserer Plot wäre ein andrer
und mehr eine Komödie als ein Drama.
Jede Nacht schaue ich auf unsere Zeit zurück,
wie auf ein Panorama.
Doch der Anblick befreit nicht,
er reißt nur alles auf.
Jeder Mensch klammert sich an Erinnerungen
und nimmt dafür Schmerzen in Kauf.
Wir hatten vergessen,
wann fange ich an und wann hörst du auf.
Entknoten braucht Geduld und Zeit
und entlieben nun mal auch.

Regentanz

Sie tanzt. Einsam im Regen.

Als würde es kein morgen geben.

Der Regen fällt.

Und während sie ihm ihr Gesicht entgegen hält,

lässt sie los.

Streift Kleider ab.

Gibt dem Ballast einen Stoß,

runter von ihren Schultern.

Lässt Schminke verlaufen.

So wie sie sich selbst verirrt hat.

Landkarten kann man zwar kaufen,

doch ist sie bereit, eine neue zu zeichnen.

Um den starren Linien zu weichen.

Die Grenzen verschieben.

Treibsand nach Gold durchsieben,

um sich dann doch in das Silber zu verlieben.

Sie tanzt weiter.

Ganz ohne Musik.

Weil sie taub viel klarer sieht.

Die Gedanken verstummen.

Gefühle durchfluten.

Und ihr Körper erbebt.

Sie will ihre eigene Melodie summen,

bis sich der Schleier erhebt.

Sich die Statur bewegt.

Getauft auf den Namen *Herz*.

Einst eingefroren im Schmerz.

Wunderkerze gezündet.

Sehnsucht erwacht.

Sie wünscht sich ihr eigenes Discolicht

in der Nacht.

Im Glanz erstrahlend,

hat sie Angst vor dem Tageslicht,

an dem der Traum jedes Mal

aufs Neue zerbricht.

Einst Eins mit dem Takt

und der Melodie.

Sie hat sich vertanzt.

Den richtigen Ton trifft sie nie.

Auf Füße treten, als ihr größtes Talent.

Bis sie auf der Tanzfläche

wieder Richtung Ausgang rennt.

Die Energie zwischen ihr und ihm,

als Gefühl der Gefahr.

Das zwischen ihnen,

so gefährlich und nah.

Das Feuer entfacht.

Die Kontrolle verloren.

Weil Feuer schnell alles zu Asche macht,

hat sie sich zu lieben,

als Verbot auserkoren.

Am Tage verschanzen.

Heute Nacht unter

dem Sternschnuppenregen tanzen.

Um den Schritt ins Licht zu wagen.

Wünsche aussprechen.

Bedürfnisse nicht hinterfragen.
Sie nicht nur für sich im Stillen denken.
Ihnen eigene Noten schenken,
um das Genre umzulenken.

Das Steuer umgerissen.
Die Segel neu gesetzt.
Sie möchte die Nächte
im Walzer nicht missen,
doch braucht sie jetzt einen Song,
der fetzt.
Der sie durch die Nacht treibt
und nächsten Morgen als Ohrwurm bleibt.
Bewegungen so fließend.
Blumensamen dürfen sprießen.
Der Tag ist da,
um ihn zu genießen.
Sie hält sich bereit,
für das große Erwachen.
Anstrengung und Fleiß
verzaubert zu Lachen.
Lautstark und so glockenhell.

Jetzt kann sie es kaum erwarten,

hoffentlich wird es schnell hell.

Sie ist sich ihrer so sicher.

Ihr kindliches Gekicher,

stimmt sie mutig.

Nun fühlt sie sich bereit,

etwas zu wagen.

Heute Nacht wird sie sich

mit ihrer Vergangenheit vertragen.

Eine *verwunschene* Welt

Deine Tränen werden zu Eis.

Dein Herz setzt an zum letzten Schlag.

Wenn du eins ganz sicher weißt,

dann dass du durch deine Träume zu fliegen vermagst.

An einem Ort,

an dem Licht zu Dunkel kein Gegensatz ist,

an diesem man die Tage nicht nach Uhrzeit misst.

Die Sonne den Mond nicht in den Schatten stellt,

sondern sich mit den Sternen zu ihm gesellt.

Eine verwunschene Welt.

An einem Ort,

an dem Schlösser nicht schließen,

unmöglich ist ein unbekanntes Wort.

An diesem die Intentionen den Normen entfließen

und Vergangenes nicht zu Staub zerfällt.

Eine verwunschene Welt.

An einem Ort,

an dem das Richtig kein Falsch kennt,

die Wahrheit nur beim Namen nennt.

An diesem keine Grautöne existieren,

und keine Hässlichkeit das Schöne entstellt.

Eine verwunschene Welt.

An einem Ort,

an dem das Schwere nichts wiegt,

die Erwartung verfliegt,

weil es nichts Bedeutenderes gibt,

als die pure Existenz,

die sich über die gesamte Sinnhaftigkeit stellt.

Eine verwunschene Welt.

Bettgeschichte

Wir sitzen wieder hier,

am Konferenztisch.

Du nippst an deinem Bier

und in mir drin ist es chaotisch.

Wie ein unaufgeräumtes Zimmer,

in dem unsere Liebe schwer zu finden ist.

Vergraben unter Dingen,

die nur noch als trist

und unbedeutend erscheinen.

Anstatt unsere Lieder zu singen,

muss ich bei ihnen nur noch weinen.

Meeting im Bett.

Unsere Verkehrssprache nennt sich Geschlechtsverkehr.

Deine Geschäftssprache am nächsten Tag zeigt,

dass du mich nur im Bett verehrst.

Danach muss ich kalt duschen – immer.

Doch kriege ich dich nie ganz abgeschrubbt.

Und dein Geruch in meinem Zimmer,
nimmt mir die Luft,
weil sich eine gemeinsame Nacht jedes Mal aufs Neue
als die falsche Entscheidung entpuppt.

Du bist abschreckend und anziehend zugleich.
Und du weißt,
wie du Worten die richtige Stimme verleihst.
Flüsternd, sanft
huschen deine Lippen über meine Haut.
Doch wann hast du das letzte Mal
wirklich mich angeschaut?

Meine Haut wird trocken,
dort wo du sie berührtest.
Ich fühle mich ausgesaugt,
nachdem du mich verführtest.
Nachts schenkst du mir alles von dir,
morgens reißt du es an dich zurück.
Und wenn ich mich in dir verlier',
behältst du dir jedes Stück
 – allein für dich.

Du bist so zärtlich beim Akt.
Doch ich habe das Gefühl,
nur ich zeige mich ganz nackt.
Außerhalb des Bettes wirfst du
mit Messern auf mein Herz.
Du bist ein Mann mit klarem Ziel
und so kommt der Schmerz,
weil ich dir verfiehl.

Du hast ein Merkmalskomplex.
Du hast mich verhext.
Ich habe den Rückhexspruch vergessen,
bin gegen dich nicht immun.
Gibt es einen Impfstoff gegen toxische Liebe?

Im Job gehören Frauen für dich
auch in Führungspositionen.
Nur im Bett dürfen sie niemals über dir thronen.
Eine Liebesbeziehung ist für dich ein Sonderkapitel
und kein fester Teil deines Lebens.
Eher ein Lieblingssong eines Jahres
mit seinem eigenen Titel.

Wir begannen zwischen Kissen

und heute nehme ich all meinen Mut in die Hände

und gehe mit dem Wissen,

unsere Bettgeschichte nimmt jetzt ihr Ende.

Ist *halt* so

Wenn ich dich sehe,

setzt mein Herz für einen Schlag aus.

Wenn ich deine Stimme höre,

geht sie nicht mehr aus meinem Kopf raus.

Wenn ich dich rieche,

schnürt es mir die Kehle zu.

Wenn du mich anschaust,

steigt mein Puls im Nu.

Wenn ich dich spüre,

kann ich nicht mehr klar denken.

Ich kann einfach nicht anders,

als dir mein Herz zu schenken.

Kind des
Universums

Mit der Welt im Gepäck,

und dem Universum auf den Schultern,

beginne ich die hoffnungslose Suche nach dem Stern,

der mich führt,

zu meinem Platz in dieser Welt

und dieses weite Schwarz mit Licht erhellt.

An wen soll ich meine Worte richten?

Welche Wege sollte ich sichten?

Wem sollte ich mein Gehör schenken?

Und vor wem meinen Blick senken?

Stelle ich die richtigen Fragen?

Finde ich in den Sternenbildern eine Antwort?

Oder liegt diese heißersehnte Antwort

in mir selber tief vergraben?

Bin ich mein Heimatort?

Für wen sollten die Naturgesetze gelten?
Gibt es mehrere von diesen Welten?
Und gibt es mehrere Personen,
die hier oben thronen,
so wie ich?
Die gleiche Sehnsucht in sich tragen,
oder ihren Sinn schon gefunden haben?
Vielleicht können sie mir eine Antwort sagen?

Bin ich ganz alleine hier?
Ist da draußen wer zugegen?
Trage ich das Ersehnte bereits in mir?
Wofür möchte ich leben?
Ist die Unendlichkeit nicht bloß
ein trügerischer Schein?
Denn wird nicht irgendwo
für jegliches Leben ein Ende sein?

Ich spüre ein Kribbeln in mir,
das ich immer für Unruhe hielt.
Ist das vielleicht Neugier?
Neugier auf das Unbekannte,

das mich aber nicht aus meiner Bahn werfen kann.
Denn die Angst, die ich beim Namen nannte,
sich so nicht mehr in mein Herz einbrannte
und ich über die Leere gewann.

Erkenntnis, Taten, Folgen,
pusten den Planetenstaub davon.
Mir nur noch die Frage wichtig ist,
wie ich zu mir selber komm'.
Ich, als Kind des Universums,
mit der Blüte des Lebens in mir,
bin gerne hier.
Ich, als Poetin meines Lebens,
kann mir selbst am meisten geben.
Denn nur worauf mein Glaube, meine Liebe
und meine Hoffnungen basieren,
beginnt wahrlich zu existieren.

Grinsebacke

Am Schreibtisch bin ich eingenickt
und in meinem Traum freudvoll erquickt.
Da sind die Sorgen wolkenleer,
Gedankenwirbelstürme lange her
und da ist Zeit für so viel Kladderadatsch,
da darf ich kindlich hocherfreut springen
in den Matsch.
Und dann fühle ich mich so weltvergessen,
mit niemandem muss ich mich messen
und diesen Zustand nenne ich *glücksverträumt*.
Nur wird ihm in der Realität
wenig Platz eingeräumt.
Drum begebe ich mich oft auf Mondscheingang
und all die Menschen sehe ich als Augensterne,
die mich anleuchten aus der Ferne.
Und weil mein Licht
die Dunkelheit durchdrang,
sehe ich die Welt nun
wie durch ein Kaleidoskop.

Nur weil ich heute wild durch die Lüfte tob',

heißt das nicht,

dass ich morgen keine Trantüte sein kann.

Denn das Facettenreichtum

meines Gesichts,

möchte ich nicht mehr nur leben,

wenn ich mich in meinen Träumen verfang'.

Ich möchte meinen Leichtsinn

mit meiner fachlichen Expertise verweben,

sodass ich ein Sammelsurium

aus verschiedensten Nuancen sein kann.

Und dann kann ich sagen:

„Ja, alles fing mit nächtlichen Träumen an.

Doch noch heute sind sie es,

in denen ich mich auch am Tage verfang."

Denn ich erschuf mir die Sternschnuppe

per Leuchtrakete!

Und das Leben ist ein Fest,

deshalb organisiere ich eine Fete!

Ich schwinge mein Tanzbein,

ich tanze die Polargefühle davon,

sodass ich glücksvertrübte Augen bekomm'.

Dann sehe ich ihn,

wie Sternspritzer sprunghaft und hell,

mein Herz schwingt

im Purzelbaum ganz schnell,

den neuen Tag im Glitzerkleid

und ich gesell' mich zu ihm hin.

Selbst mein Nachbar

nennt mich heute Grinsebacke,

weil ich glücksverkatert bin.

Ich weiß nicht, ob ihr es kennt:
Wenn man sich zu etwas bekennt
und dann doch davor wegrennt.
Ich weiß nicht, wie ihr das seht:
Wenn man etwas endlich versteht
und trotzdem einfach geht.
Ich weiß nicht, was ihr davon haltet:
Wenn man seine Gefühle sehr gut verwaltet
und dadurch das Herz immer mehr erkaltet.
Ich weiß nicht, wo es euch hin verschlüge:
Wenn ihr den Ort habt zu Genüge
und er trotzdem noch Anziehungskraft ausübe.

– **Ich weiß es nicht. Was würdet ihr tun?**

Winter und *Du*

Wasser zu Eis.

Lippen so heiß

anzusehen.

Eis bleibt nicht bestehen.

Es taut.

So taue auch ich auf,

durch die Nähe von dir.

Engel im Schnee.

Überall weiß,

wohin ich auch seh',

da bist du,

lächelst mir zaghaft zu.

Bei Tee und Kerzenschein,

wirst du heute meine Lektüre sein.

Schneeflocken in Stille niederschweben,

ich will mich deiner Stimme ergeben.

Bricht die Dunkelheit an,
Mondlicht fällt auf deine Kontur.
Grautöne ziehen mich in deinen Bann,
von Kontrolle fehlt jede Spur.

Löse mich immer mehr auf,
in deinen Augen spiegel ich mich,
nackt und verletzlich.
Du mir mit deinem Blick unendliche Weite versprichst.

Verliere mich immer mehr,
je näher ich dir komm',
weil wir zusammen auf dieser Reise sind.
Der Mond hat die Identitäten genomm'.
Die Nacht endet erst, bis ich uns find'.

Stumm,
im Einklang mit dir.
Berührungen als unsere Worte,
sodass ich mich in deiner Stille verlier'.
So viele gefährliche Orte,
an dir und dort draußen.

Es überläuft mich ein Schauer,

muss in Gefühlen ersaufen

und dabei wissen:

Du bist von Dauer.

Den Wecker gestellt,

auf kurz nach halb acht.

Weil mit dir erst mein Lebensgeist erwacht.

Wenn die Sonne lacht,

bist du es,

der in Glanz erstrahlt.

Und ich es,

die diesen Anblick mit Küssen bezahlt.

Mondnacht

Heute blicke ich in die Nacht hinein,

habe keine Angst vor Stille.

Heute kann ich gar nicht einsam sein,

in mir brodelt ein unbeugsamer Wille,

der mich wärmt.

Heute brauche ich nicht das Funkeln der Sterne,

denn es ist meine Seele,

die voll im Glanze steht.

Heute brauche ich nicht das Licht des Mondes,

denn mein Herz weist mir den Weg.

Bedingt durch die Schönheit,

die ich in mir trage,

sehe ich so viel in diesem Nichts.

Das Schwarz als die schönste der Farben,

die die Welt zu bieten hat,

übermale ich damit meine Narben.

In mir findet eine Künstlerstunde statt.

Verliert der Vollmond morgen

ein Stückchen seiner Selbst,

weiß ich, mein Innerstes hält.

Die verschiedenen Phasen,

er hat sie unzählige Male durchlebt.

Und doch ist er es,

der jede Nacht aufrecht am Himmel steht.

Innere Verbundenheit, Stärke, Hoffnung, Licht,

für all das steht der Mond

und dafür stehe auch ich.

Er dort oben,

ich hier unten.

Wir beide teilen den gleichen Kern,

den wir mehr als alles andere

auf der Welt verehren.

Mir wird klar,

ich brauche nicht dich

oder irgendetwas anderes auf der Welt.

Denn ich habe ja mich,

als Freundin, die mein Herz hält.

Ganz oder *gar* nicht

Ich glaube, das Leben wird erst leichter,

wenn ich das nicht mehr ständig denke.

Dass es leichter werden muss.

Weil ich dabei den Wind in meinem Haar verpass',

ständig neue Entschlüsse fass',

nur weil ich meine, dass der alte nicht mehr passt.

Doch auch Knoten ergeben ein Seil

und im Leben läuft es nie komplett rund,

egal wie lange ich an den Ecken und Kanten herumpfeil'.

"Die Party geht steil",

hab' ich oft gedacht, aber doch nie gefühlt.

So als wenn man alte Fotokisten durchwühlt,

aber heute doch nur gezwungen in die Kamera lacht.

Im Wünschen bin ich erste Sahne,

ich hab' bloß noch nie eine Sternschnuppe gesehen.

Ich führe ein Leben mit auf halbmast hängender Fahne

und kann vor vielen Hälften

das große Ganze nicht mehr sehen.

Letztendlich ist das Leben
die Summe aus unendlichen Versuchen
und ständig muss ich über die Differenzen fluchen.
Doch ich habe wohl alles probiert.
Nur bedeutet alles geben nicht,
dass man alles verliert.
Das mit dem Verlieren ist wohl so eine Sache,
die ich nie verstehe.
Genauso wenig wie,
warum mein Herz stolpert, wenn ich dich sehe.
Doch glaube ich,
dass das Verstehen zu hoch gepriesen wird
und dass es nur das Fühlen stört.
Weil der, der immerzu denkt, sein Herz überhört.
Ich habe mir vorgenommen mehr zuzuhören,
weniger zu urteilen,
um fremder Redefluss nicht zu stören.
Doch bekommt man weniger von dem einen,
will man mehr von dem andern.
Ich frage mich, wann ich endlich seh',
dass es keinen Grund gibt weiterzuwandern.

Alles geschieht so wie es soll,

ob ich es will oder nicht.

Egal wie sehr mir auch

hätte, wäre, könnte den Kopf zerbricht.

Und mein Herz gleich noch mit,

das an Sehnsucht erkrankt ist.

Warum bedeutet ein schöner Körper

und viel Geld auf dem Konto immer gleich Verzicht?

Und dann ist da noch diese Sache mit der Disziplin.

Ich erinnere mich noch zu gut an die Tage,

an denen mir der Teufel erschien.

Doch ich war auch als Kind nie ein Engel,

ich hatte bloß goldenes Haar.

Das, was du mit deinen Augen siehst,

ist dann nicht auch gleich wirklich da.

Und all das, was ich tief in jedem Menschen sah,

war fest ummantelt von Mauern,

denn diese Welt birgt Gefahr.

Und so kämpft jeder mit seinem Schmerz,

der eigentlich unserer ist,

bis er vom Tragen und Aushalten das Loslassen vergisst.

So laufe ich los, lasse alles hinter mir.

Wenn etwas Neues beginnt,

heißt das nicht, dass ich Altes verlier'.

Hallo Leben, bist du da?

Ich hatte noch nie den Nerv,

die Bedienungsanleitung zu lesen,

habe gerne mal Schritte übersprungen

und so aus dem Stegreif gehandelt.

Manches ist gelungen,

vieles hat sich ins Falsche gewandelt.

Ich glaube nicht, dass das mit uns richtig ist,

wenn du mir den Kopf zerfrisst.

Ich glaube nicht, dass du hier richtig bist,

wenn du dich mit mir misst.

Denn ich wandel noch so

durch dunkle Gassen.

Probiere noch aus:

In welches Land könnte ich passen?

Ich bin also kein Maßstab,

eher kein gutes Beispiel.

Denn von dem Rat, den ich dir einst gab,

lebe ich selbst nicht wirklich viel.

Ich glaube, dass das okay ist,
mal mehr zu reden, als zu sein.
Und dass Taten und Worte auseinander klaffen,
scheint auch ein Bestandteil zu sein.

So wie manche Raucher nur paffen,
atme ich nicht richtig ein,
es könnte ja 'ne Überdosis von dir sein,
mit der ich wieder nicht klar komm'.
Mal sehe ich mich selbst verschwomm'
da hinten stehen in der Ferne
und fühle mich allein.
Hast du mich eigentlich gerne?
Und warum schüchterst du mich so oft ein?
Es fühlt sich oft so an, wie die Schuhe meines Bruders
- zehn Nummern zu groß.
Doch passe ich auch schon längst
nicht mehr auf Papas Schoß.

Mit so einer Zwischengröße,

ist es schwer, seinen Platz zu finden.

Ich hoffe nur,

dass ich dir jetzt keine Angst einflöße,

doch ich muss verschwinden.

Damit mich niemand definiert,

und mit QR-Codes signiert.

Ich würde gerne wissen,

wer ich für dich bin.

Und eine wichtige Frage hätte ich noch:

Was ist eigentlich dein Sinn?

Sie schreibt Magie

Magie liebt Reime und Verse.
Und sie den nächtlichen Mond.
Der Stift kratzt über das Papier.
Sie ist das Geräusch so gewohnt.

Die Sterne geben ihr Auskunft,
was heute auf dem Blatt erscheint.
Magie wirkt durch sie hindurch,
sodass sich das Gefühl mit dem Worte vereint.

Sie lässt einfach schreiben.
Ihre Hand wird geführt.
Heute Nacht wird sie treiben,
bis sie das Universum berührt.

Weiß wird zu schwarz.
Aus Paare werden Kreuze.
Das Schema nicht bestimmbar
und der Reim ist dahin.

Sie hat sich selbst kurz verloren,
ist in fremde Welten getaucht.
Geschludert, gerutscht,
weil es für festen Halt die Liebe braucht.

Wenn das Universum frohlockt,
und Lichtstrahlen sie sanft kitzeln,
mag sie einen Punkt setzen
und sich mit ihrer Seele vernetzen,
um durch den Alltag zu witzeln.

Eines Nachts

Sie läuft zur Hintertür hinaus.

Er sieht nur noch einen Schatten.

Sie beißt sich auf die Lippe.

Ihm sticht es oberhalb der linken Rippe.

Sie geht langsam, um nicht aufzufallen.

Er geht schnell, damit ihre Schritte nicht verhallen.

Sie ist leise, ringt um Fassung.

Er geht bestimmten Schrittes,

pfeift auf jegliche Anpassung.

Sie hat alle Hoffnung längst verloren.

Er bewahrt sie für sie auf.

Sie hat sich *niemals wieder* geschworen.

Er löst diesen Schwur ganz zärtlich auf.

Ihr ist kalt, die Lippen blau.

Ihm wird immer wärmer, denn er weiß genau,

ein weiteres Stück von ihr wird verschwinden,

wenn er ihr nicht hilft, diese Nacht zu überwinden.

Er ruft in die dunkle Gasse.

Sie dreht sich im Laternenlicht.

Er ist überzeugt, dass er zu ihr passe.

Sie sieht seine Liebe nicht.

Er geht langsam auf sie zu.

Sie möchte fort,

doch verharren ihre Schuh'.

Er steht vor ihr, von ihrem Anblick ganz benommen.

Sie steht da im Sternenglanz verschwommen.

Er sieht, eine Träne perlt über ihr Gesicht.

Sie hört, dass er ihr verspricht,

dass sie alles für ihn ist -

vom ersten Moment an.

Sie spürt, dass sie ihren Mut vermisst,

weshalb sie nichts erwidern kann.

Er nimmt ihre Hand.

Sie lässt es geschehen.

So setzen Herzen sich in Brand.

Sie kann wieder klar sehen.

Er erinnert sie an die Sterne.

Sie ist für ihn der Mond.

So zeigt er ihr gerne,

in jeder ihrer Phasen,

dass ihre Liebe für immer am Himmelszelt wohnt.

Mut

Mut verfängt sich oft
in den eiskalten Klauen der Angst,
die auslösen, dass unser Innerstes bangt.
Doch bedeutet Mut, an uns selbst zu glauben,
auch wenn Mauern mal unüberwindbar scheinen.
Mut bedeutet, auch mal frustriert zu schnauben,
aufgrund des Gefühls,
niemand versteht, was wir meinen.

Mut bedeutet, an Dinge zu glauben,
die wir Menschen nicht verstehen.
Wofür Statistiken keine Erklärungen bieten,
Wissenschaftler in Bredouille gerieten
und diese Dinge trotzdem zu sehen.

Mut bedeutet, Hände zu reichen,
unsere ineinander zu legen.
Finger miteinander zu verweben,
um in die gleiche Richtung zu streben.

Mut ist, *bitte* und *danke* zu sagen,

auch wenn es uns unangebracht erscheint,

weil unser Ego dann weint.

Doch Worte der Liebe

sind verbunden mit Kraft.

Was zählen schon persönliche Siege,

sind sie doch nur aus Mangel gemacht.

Mut bedeutet,

auch wenn zusätzliche Kilometer schlauchen,

daran zu glauben,

dass genau das geschieht,

was wir brauchen.

Und mit allem zu tanzen,

in unserem Lied.

Sich nicht wegen schiefer Töne zu verschanzen,

weil der Mut gerne alles sieht und zeigt,

doch nicht mit dem Finger darauf,

sondern mit goldenem Glanz voller Liebe.

Mut ist, dem Ganzen zu vertrauen,

und nicht spontaner menschlicher Triebe.

Mut kann zerreißen,
doch Mut kann auch flicken.
Mut kann den Engel einladen
und den Teufel von unserer Schulter kicken.
Es ist an der Zeit, mutig etwas zu wagen,
nicht mehr Was-wäre-wenn-Szenarien
Huckepack zu tragen,
sondern sie fortlaufen lassen,
am besten noch jagen,
um über das Bild zu lachen,
an späteren Tagen.

Mut bedeutet, Angst zu haben
und trotzdem zu bleiben.
Mut bedeutet, Gespräche nicht zu vertagen,
nur weil Meinungen sich scheiden.
Mut bedeutet, *ja* zu sagen
zu dem, was wir eigentlich nicht wollen.
Und *nein* zu sagen zu dem,
was wir meinen machen müssen zu sollen.

Mut bedeutet, sich an sonnigen Tagen
in schwarz zu kleiden.
Und seine Gefühle auf der Zunge zu tragen.
Mut bedeutet, wir selbst zu sein,
auch wenn wir gar nicht wissen,
wer wir wirklich sind.
Mut bedeutet sich Zeit zu lassen,
wenn das Blut in der Wunde gerinnt.
Mut bedeutet, nie zu vergessen,
unser einst verletztes inneres Kind.

Mut bedeutet, die Nacht zu begrüßen
und den Tag zu feiern.
Geschmeidig im Sand zu gehen,
mit nackten Füßen
und das Unabdingbare nicht zu verschleiern.
Mut bedeutet, im Halben das Ganze zu sehen,
immer zu seinen Worten zu stehen,
und sie doch zu revidieren,
wenn wir haben eine Wandlung vollzogen.

Mut ist, immer seine Wahrheit zu sprechen,

auch wenn sie stößt auf taube Ohren.

Mut ist oft laut,

doch manchmal auch leise.

Mut ist das, was Brücken baut,

und er eröffnet eine Schneise.

Wohingegen Angst sich nicht traut

und sich verheddert in unserer allzu

bekannten Lebensweise.

Mut bedeutet, im Hässlichen

das Schöne zu sehen.

Alles anzunehmen

und das alles trotzdem nicht zu verstehen.

   – *Trau Dich, mutig zu sein.*

Musizierende Liebe

Kann man auch um die Ecke lieben?

Denkt das Herz nur gerade aus?

Können auch

keine Worte so schwer wiegen,

dass ich weiß, ich brauch'

dich, um zu fliegen?

Legt die Dezemberkälte sich auf mein Gemüt,

dringt langsam in meine Knochen ein,

brauche ich dich noch mehr, um lebendig zu sein.

Mein Herzschlag orientiert sich an deinem

und alleine können wir oft nur halb so hell scheinen.

Ich weiß nicht,

wann ich anfing, meine Worte auf deine zu reimen.

Aber mir gefällt unser Gedicht.

In jeder Strophe steckt so viel Licht.

Und in uns

macht auch der Januardunst,

ein schönes Gesicht.

Du warst schon immer meine Versmitte.

Zumindest fühlt es sich so an.

Und wenn ich dich bitte,

oh bleib,

weil ein Reim ohne Partner nicht bestehen kann,

verziehst du deine Lippen, -

Gott, ich weiß nicht, wohin.

Ich weiß nur,

dass ich ganz schön getroffen von dir bin.

Heute tanze ich im Alexandriner.

Meine Füße als meine Diener

und du der Dirigent.

Wie ein Textimmament,

bist du in meinem Leben enthalten.

Es fühlt sich an wie schon immer.

Sag, wann begannen wir

unser Gedicht zu schreiben?

Bitte lass das hier,

für immer bleiben.

Doch weil das Orchester auch fortan weiterspielt,

denn ist ein Sprung in der Platte

doch eher wenig attraktiv,

möchte ich dir etwas zeigen.

Den Wert dieses Moments.

Und alles von mir.

Sodass du jeden Winkel meines Herzens kennst,

und dich trotzdem in ihm verrennst.

Wenn wir uns treiben lassen,

vom Metrum der Zeit,

und deine Finger verschränkt in meine passen,

ist es egal, wenn es auch im April noch schneit.

Und ja, vielleicht hab' ich hin und wieder mal Angst,

um das hier,

um dich,

um unser Wir.

Frage mich,

ob auch du manchmal bangst,

um das hier,

um mich,

um unser Wir.

Du hast mein Reimschema durchbrochen.

Auf dich reimt sich nur Liebe.

Wenn wir unser Lieblingsessen kochen

und ich meinen noch vollen Teller von mir schiebe,

weil ich satt bin von den Gefühlen

und betrunken von deinem Duft.

Hält mich nicht mehr der Sauerstoff in der Luft,

sondern dein Geruch am Leben.

Verhindert nicht mehr die Schwerkraft,

sondern deine Anwesenheit das Schweben.

Ergibt das Versmaß keinen Sinn mehr,

weil lieben keiner Regel folgt.

Fällt mir das Einschlafen heute schwer,

weil ich mich selbst beim Neben-dir-liegen,

von deinen Träumen ernähr'.

Und ja, vielleicht hab' ich hin und wieder mal Angst,

um das hier,

um dich,

um unser Wir.

Frage mich,

ob auch du manchmal bangst,

um das hier,

um mich,

um unser Wir.

Ich hoffe still,

dass die letzten Verse reimlos sich nicht binden.

Weil ich kein Ende will von uns.

Und wir unseren eigenen Reim auf das Leben finden

können.

Mal unrein, mal sauber

und eine wechselnde Kadenz.

Und dass du dich,

auch nach Jahren,

in meinem Herzen noch verrennst.

Mein *Leben* bin ich

Vielleicht ist beim ersten Augenaufschlag
erst alles dunkel und leer,
doch kommen die ganzen Ängste
schnell im Galopp daher.
Plötzlich sind die Augen viel zu schwer,
wenn ich mich frage:
„Wo komme ich her?"
und dieses Fragezeichen mein ganzes Leben
mit mir trage.
Dann die Frage drehe in:
„Wo komme ich hin?",
mich in der Ferne sehe:
„Ist die da hinten die, die ich bin?"

Ich würde die Zeit zwischen Träumen
und Erwachen gerne ausdehnen,
weil ich da niemand bin.
An dieser Stelle möchte ich noch kurz erwähnen,
dass ich mich im Alltag oft nicht find'.

Ich grabe dann im Sand
und klettere auf Bäume.
Durchbreche eine Wand
und reiße ab alte Zäune.
Stelle immer wieder am Abend,
ausgelaugt und schweißgetrieben fest,
in mir drinnen ist mein Nest.

Ich würde mich gern bereits morgens
in mich selbst verlieben.
Vielleicht würde die Quelle der Kritik,
dann endlich versiegen.
Die tägliche Suche nach dem Mehr,
(Wie kann ich eigentlich mehr sein als ich selbst?)
gibt dann keinen Reiz mehr her.
Wie ein langweiliges Spiel.
Da bedeutet mir meine Zeit zu viel,
wenn ich eh schon den Gewinner kenne.

Aber vielleicht geht es darum gar nicht.
Denn, ob ich wen als Gewinner
oder Verlierer benenne,
folgt wieder einem System.

Doch ich will systemlos, glücklich, frei,
atemlos neugierig dabei,
mich selber übersteigen.
Nicht um anderen etwas zu beweisen,
sondern einfach nur um mich zu zeigen.
Mal in mitternachtsblau.
Mal in mohnblumenrot.
Es interessiert eh keine Sau,
denn nach Leben kommt Tod.

Und manchmal würde ich auch gerne
das Deckweiß benutzen,
um aufgeschrammte Knie, Grasflecken
und voreilige Worte wegzuputzen.
Und wenn alte Bilder verschmutzen
und manchmal auch Menschen,
merke ich, was ich brauch',
oder auch wen,
um dieses ganze fucking komplizierte
System zu verstehn'.

Doch vielleicht ist selbst das zu viel gewollt.

Einfach mit einem Lächeln aufstehn,

jeden Tag erneut.

Sodass Leben genau das ist,

was ich will, wenn ich aufstehe.

Und ich die Sorgen nicht wegzukuscheln brauche,

sondern sie an die Hand nehme.

Denn ich habe mich

und mein Leben bin ich.

Vielleicht *wir zwei,*
vielleicht *jeder allein*

Wie weit kann ich laufen,

um nicht anzukommen bei dir?

Wie weit können meine Gedanken reichen,

ohne dass ich mich allein in ihnen verlier'?

Und wie weit muss ich weg von dir gehen,

um nicht nur als Abbild meiner Selbst,

hinter meinen Worten zu stehen?

Nach jedem gesprochenen Wort,

sind die Berührungen ganz sacht.

Doch nach jeder gemeinsam verbrachten Nacht,

erscheinst du mir noch weiter fort.

Körperlich bist du da,

doch ist dein Herz wohl nicht wach,

sodass ich mich frag',

wo warst eigentlich du letzte Nacht?

Bei jedem Schritt hin zu dir,

entferne ich mich ein Stück weit von mir.

Und bei jedem Sonnenaufgang,

erwacht erneut die Hoffnung in mir,

heute wahrlich anzukommen bei dir.

Ob nur ich das so spür',

dass wir nicht zusammen,

aber auch nicht ohne einander können?

Dass wir dem anderen sein Glück nicht gönnen,

aus Angst, leer auszugehen?

Und so bleiben wir unter immer

dem gleichen Sternenhimmel stehen.

Mit der Sehnsucht nach dem Leuchten im Herzen,

die eine Sternschnuppe zu sehen,

mit dem Wunsch nach dem Ende der Schmerzen.

Komm mir nah,

bleib mir fern.

Ich bin mir meiner nicht klar.

Die Frau an deiner Seite wäre ich gern,

ganz so, wie du sie brauchst.

Deren Kopf nicht bei jeder Berührung raucht.

Die nicht alles hinterfragt,
nicht so viel denkt und weniger sagt.
Einfach nur fühlt,
sich hingibt und passieren lässt.
Die nicht in alten Wunden wühlt
und mit dir feiert das Leben als ein Fest.

Du forderst, sperrst mich ein.
Orderst mich, als wäre ich dein.
Protestiere ich dabei,
doch lässt du mich frei,
will ich dir nah sein.

Verstehen ist eine Kunst.
Das Weibliche ein durchsichtiger Dunst.
Nicht zu greifen und doch da,
so verschwommen,
doch in seinen Tiefen so klar.

Vielleicht brauchst du einfach Zeit.
Vielleicht gehen wir zu weit
und diesen Weg doch nicht zu zweit.

Vielleicht brauche ich noch Zeit.
Vielleicht bin ich noch nicht so weit,
für diesen Weg zu zweit.

5 – 4 – 3 – 2 – 1 – nichts

Morgens **fünf** Minuten Qualitytime mit dir.

Den Tag über angestrengt versuchen,

dass ich deinen Geruch auf meiner Haut nicht verlier'.

Feierabend,

und **vier** flüchtige Küsse von dir.

Mit einem Herzen voll Sehnsucht nach mehr

fast verzagend,

decke ich mich zu,

weil ich sonst frier'.

Im Bett berühre ich dich vorsichtig,

ganz sacht

und wünsche mir heimlich **drei** Worte von dir.

Doch bekomme ich nur **zwei**:

Gute Nacht.

Eine **ein**zelne Träne tropft auf mein Kissen

und übrig bleibt mir **nichts**,

außer dich täglich zu vermissen.

All das ist mir zu klein

Ich bin, was ich bin,

doch irgendwie auch nicht.

Weil ich für all meine Fähigkeiten die Zeit vermiss',

sie auch wirklich zu leben.

Darum habe ich beschlossen,

nur denen Wert zu geben,

die die Bestätigung der Gesellschaft genossen

und alle anderen tief in mir verschlossen.

Wer will schon gerne

launisch, sprunghaft, unentschlossen?

Und als Kind wünschte ich mir so sehr Sommersprossen.

Nun sehe ich nur all die Sprossen der Leiter vor mir,

die es gilt zu besteigen.

Mir tun die Füße weh,

doch ich gehe weiter,

weil sonst all ihre Finger auf mich zeigen.

Darum zeige ich mich wenig

und lebe mich in Resten.

Ich gebe nur gesellschaftsakzeptable Teile von mir
zum Besten.
Ich habe viele Emotionen durchgestrichen,
ganz dick und mit rot die Wut,
bis sie sich still und heimlich gegen mich entlud.

Heute kenne ich mich selbst nicht mal.
Ich definierte meinen Körper lange Zeit
nur durch eine Zahl.
Ich bin nur eine von vielen
und doch nicht die typische Frau.
Ich bin oft genervt von mir,
weil ich vieles anders machen möchte
und mich dann doch wieder nicht trau'.

Menschen können so kalt sein,
ihre Blicke gehen unter die Haut.
Und auch der Rollkragenpullover
hat keine Schutzwand aufgebaut.
So gehe ich gameover,
ich fühle mich so durchlässig und transparent.

Und doch ist es so,

dass mich niemand um mich herum wirklich erkennt.

Ja, wie soll das auch gehen?

Ich selbst bin mir fremd.

Den Rollkragenpullover wechsel ich

durch ein viel zu großes Hemd,

sodass ich meinen Mann stehen kann.

So wachse ich schon als Kind in dieses Outfit hinein

und später rede ich mir ein,

bunte Kleider sind mir längst zu klein.

- *Heute möchte ich nicht mal mehr Kleider tragen,*
  denn nichts steht mir besser als ich selbst.

Das *offene* Fenster / Herz

Ich dachte,

ich spürte deinen Mund an meinem Ohr.

Dabei war es nur die Erinnerung in meinem Herzen.

Und wie ich da so liege

und dich imaginär zur Seite schiebe,

fällt es mir schwer aufzustehen,

weil da niemand mehr ist,

auf den ich mich freue zu sehen.

Nichts, wofür es sich lohnt,

wenn dein Lachen nicht mehr

über dem frisch gekochten Kaffee thront.

Und keine Küsse,

die mein Herz beleben,

den Takt vorgeben,

indem ich mich durch den Tag bewege

und abends dann in deine Arme.

Jetzt sind da nur tausend Decken,
die ihre Funktion nicht erfüllen.
Denn wie sollen sie wärmen,
was gar nicht mehr lebt?
Frage mich,
ob man mit Tränenflecken handeln kann,
ob es einen Deal gibt,
durch den du zurückkommst irgendwann.

Ich dachte,
ich könnte nie mehr alleine schlafen,
ohne dich neben mir.
Doch indem wir uns in unseren Träumen
noch begegnen,
erhalte ich mir ein kleines Stückchen Wir,
am Tage fest in meinem Griff,
um fest verankert durch die Stunden zu kommen,
wenn schon der Morgen mir hat Lust genommen.

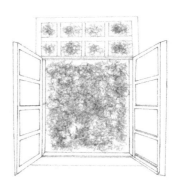

Denn anstatt Du war da nur der Windespfiff

aus dem Fenster,

das noch offen steht,

solange bis auch mein Herz versteht,

dass da nichts mehr von dem ist,

das wir mal hatten.

Tanz der Sprache

Wenn Worte sprechen

und Buchstaben singen.

Wenn Akzente die Normen brechen

und Schemata bis in ferne Länder klingen.

Wenn das Sonderzeichen sich verirrt

und der Punkt den Ablauf stört.

Wenn der Bindestrich Getrenntes vereint

und der Nebensatz als so zentral scheint.

Wenn Küstengeflüster sich

mit Großstadtbrummen vermischt

und der Opernsänger den falschen Beat erwischt.

Wenn ferne Sprachen zur Heimat werden

und es so viele Varianten von *richtig* gibt auf Erden.

Wenn wir alle verschieden klingen,

aber doch das Gleiche sagen,

dann leuchtet jeder individuell in den selben Farben.

Fallender Stern

Hast du geglaubt,

du musst das hier alles tragen allein?

Und wenn deine zitternden Beine

fast schon verzagen,

immer noch die Glückliche sein?

Glaubst du, dass zurückgehen

das Gleiche wie fallen ist?

Und dass, wenn du jetzt nichts sagst,

man deine Taten vergisst?

Immer nur aufrecht zustehen,

kann dem Leben nur schaden.

Denn du könntest nicht sehen,

wie die Sterne den Himmel tragen.

Also sei heute der fallende Stern.

Dessen Verletzlichkeit,

ganz heimlich und so nebenbei,

alle andern verehrn'.

Denn das Strahlen von Sternen ist immer so fern

und irreal.

Sag, spüren nicht auch Sterne mal eine Qual?

In ihrem vierten Zacken links unten vielleicht?

Es ist so schön,

dass ihnen ein Gespräch mit dem Mond reicht,

für erneute Leichtigkeit.

Auch ich bin schon wie ein Planet um mich gewandert.

Mal im Uhrzeigersinn,

mal gegen den Strom.

Mal war eine ganze Nacht dahin,

mal traf ich keinen Ton,

der meinen Worten den richtigen Klang verleihen konnte.

Ich wusste so vieles,

doch tat davon nichts.

Ja, den andern gefiel es,

wenn ich leiser war –

manchmal.

Denn zusammen summiert sich das Licht,

das die Dunkelheit auch im freien Fall durchbricht.

Also schenke mir ein Lachen,

wenn deine Tränen versiegt sind.

Weil mit deiner Hand in meiner etwas Großes beginnt.

Lass mich heute Nacht dein Mond sein.

Ein Versuch

Das Leben zeichnet dich nicht aus,

es zeichnet Narben auf deine Haut.

Wer den Pokal gewinnt,

hat meist zuvor sehr oft verloren.

Wenn Menschen nach Jahren noch zusammen sind,

haben Seelen sich einen Schwur geschworen.

Jetzt frage ich mich,

wie sehe ich aus ohne äußere Form?

Meistens sind es die Versprechen,

die man sich selber gibt,

die man als erstes bricht.

Doch ich bin nicht gebrochen,

ich bin nur ein wenig verbogen.

So wie der Regenbogen nach dem Regen erscheint,

doch hat das Leben mich um den Schatz betrogen.

Ich habe bereits so viel geweint,

dass es für vier Leben reicht.

Manchmal glaube ich, dass auch Gott nicht weiß,

wer seine Kinder sind.

So fühle ich mich heimatlos

und in meinem Körper blind.

Und ganz egal,

wie ich die Quintessenz meines Lebens auch erörter',

wo Gedanken und Gefühle fehlen,

fehlen auch die Wörter.

Wenn es von allem eine Mehrzahl gibt,

warum gibt es mich dann nur ein Mal?

Wenn alles eine Entscheidung ist,

warum bleibt mir dann so oft keine Wahl?

Wenn selbst Gott sein Kind vergisst,

wie kann ich dann diejenige sein,

die ihre Segel hisst?

Was und wem soll ich vertrauen,

wenn da oben niemand ist?

Und Sterne leuchten nur für den trügerischen Schein,

denn in Wahrheit bin ich in meinem Dunkel allein.

Ich würde so gerne auf der Milchstraße gehen,

diese Welt von oben sehen

und mein Schwarz zwischen all den Lichtern verstehen.

Glauben bedeutet,

auf das zu setzen,

was man nicht sieht.

Zu singen dieses Lied -

des Lebens,

ohne die Noten zu kennen.

Wie soll ich etwas,

das mir fehlt,

ich aber nicht kenn',

beim Namen nennen?

Und da es heißt,

das Leben geht immer weiter,

fühle ich mich gezwungen,

immer weiter zu rennen.

Mit Beinen,

mit denen ich nicht mal auf dem Boden stehe.

Und so bade ich im Trübsal.

Ich lege meine Beine hoch,

betrachte die Wand,

doch sie ist kahl.

Ich greife nach Rilkes Gedichtband

und stehle Gedanken.

Vielleicht erweitern sie meine kognitiven Schranken.

Doch ob schwarzweiß oder weißrot,

zu viel Schatten oder zu viel Blut,

beides steht für Tod.

Doch noch bevor mich verlässt der Mut,

klappe ich das Buch zu

und greife zu Papier und Stift.

Wenn man zu viel in Gedanken anderer liest,

verlernt man seine eigene Schrift.

Ich kann Gedanken nie zu Ende denken,

wenn ich immer wieder vor ihnen weglauf'.

Damit nicht noch mehr auf mich einprasselt,

setze ich mir eine Cap auf.

Ich brauche keine Bitterstoffe für meinen Magen,

denn ich bin selbst schon verbittert genug.

Ich muss nicht den Sprung von der Klippe wagen,

denn meine Launen sind schon Risiko genug.

Wenn Intelligenz sich ableitet aus Wut,

dann wäre ich wohl unheimlich klug,

ich hätte alles mit 1,0 bestanden,
nur dass sich Noten schon immer schlecht
mit Freude verbanden.
So habe ich das Lachen verlernt,
auf meiner Stirn steht ganz dick *ernst*
und ich schließe die Augen,
um nicht noch mehr von der Welt aufzusaugen.

Ich habe verlernt,
ich selber zu sein.
Vielleicht hat's mir auch nur nie jemand beigebracht.
Und so schlafe ich abends als Fremde ein
und hab' mir dann einen Kakao gemacht,
wie so eine Wärmflasche von innen.
Wenn man nie etwas über sich gelernt hat,
kann man eigentlich auch nicht spinnen.

Doch ich weiß,
ich kann mein Leben nicht auf
Rhetorik und Metaphern aufbauen,
nur bieten Bilder nun mal mehr Vertrauen
als Worte.

Und ich geb's ja zu,

dass ich hoffe,

indem ich alle diese Fragen horte,

fällt es vielleicht niemanden auf,

dass ich auf keine einzige antworte.

Denn in diesem Leben sind wir alle blinde Passagiere.

Und wenn ich nichts sehe,

gibt es auch nichts,

dass ich aus meinem Blickfeld verliere.

Und doch fühlt es sich ständig so an,

als würde mir etwas fehlen.

Alle Menschen sind auf der Suche

nach der Antwort auf die Frage:

„Wann -

komme ich endlich an?"

Doch ist wohl auch das Ankommen eine Einstellung

und bei allem kommt es auf die Perspektive an.

Wenn ich nicht weiß,

was mir fehlt,

wo fängt dann die Suche an?

Wenn ihr mir dann auch noch den Mut stehlt,

werfe ich euch mein Herz gleich hinterher.

Sagt man nicht,

dass man zu Frieden gelangt,

wenn man sich nicht setzt zur Gegenwehr?

Und so bleibt das hier ein Versuch,

das Leben zu verstehen,

mein Wesen zu erklären,

in der Hoffnung,

Gott kommt bald zu Besuch,

mit einem Sack voller Antworten,

wie der Weihnachtsmann.

Aber stopp,

was fängt man in einem Leben ohne Fragen an?

Heimatfahrt

Ich sitze hinterm Steuer.

Die Sitzheizung verbrennt mir den Po.

Die Fahrtstrecke ist mir nicht geheuer,

fahre irgendwo ins Nirgendwo.

Stelle die Scheibenwischer an,

weil man bei Regen so schlecht sehen kann.

Trotzdem ist es recht gemütlich hier.

Immer geradeaus,

weil es so schön einfach ist.

Und wie ich so durch die Landschaft saus',

dem Leben davon,

bis es mich vergisst,

frage ich mich,

ob mich Daheim jemand vermisst?

Von rot zu grün.

Fehlstart,

fahre immer bei orange.

Immer eine Ausrede parat.

Fordere eine Revange.

Zu wenig PS,

leerer Tank,

weil ich hier auf den Straßen

doch nicht das Richtige fand.

Trotzdem ist es recht gemütlich hier.

Dass ich auf der Fahrt Teile meiner Selbst verlier',

nehme ich in Kauf,

wusste ich doch eh nie,

wer ich wirklich bin.

Und wie ich so durch die Landschaft saus',

ergibt das alles vorerst einen Sinn.

Kurbele das Fenster runter,

Muskelkraft ist angesagt.

Wirkt das Leben ohne Scheibe doch viel bunter

und nichts, das sich zu spiegeln vermag.

Verliere ich den Blick auf mich.

Schatten legen sich auf mein Gesicht.

Trotzdem ist es recht gemütlich hier.

Der Fahrtwind lässt mich frieren.

Das Fenster klemmt.

Typisch,

da ein Verkäufer Probleme

nie beim Namen nennt.

Drehe das Radio auf,

um wärmende Worte zu finden.

Doch lässt mich das Gejammer

meine Sorgen auch nicht überwinden.

Und der Beat macht,

dass mein Herz klopft.

Hab' es schon lang nicht mehr gespürt.

Eigentlich ist es gar nicht so gemütlich hier.

Und auf dieser Autobahn,

bin ich schon viel zu lang gefahren.

Rase an Ausfahrten vorbei,

obwohl ich mir hier drinnen selber nicht gefall'.

Dieses Freiheits-Fahrtgefühl,

alles nur trügerischer Schein.

Einst klare Luft wird schwül,

mich holt das Gewitter nun doch wieder ein.

Und es ist schon lange nicht mehr so gemütlich hier.

Hinter der nächsten Biegung

weiß ich nicht, wie es weiter geht.

Während ich meinen Keks

in den lauwarmen Kaffee tunk',

wird mir bewusst,

es ist Zeit für eine Veränderung.

Nun düse ich in Saus und Braus,

die nächste Ausfahrt hinaus,

sodass ich fast aus der Kurve flieg'.

Ist mir egal,

denn Risiko bedeutet Sieg.

Und als langsam der Sprit zu Neige geht,

merke ich, dass auf dem Ortsschild *Heimat* steht.

Könnte es hier gemütlich sein?

Wie ich so durch altbekannte Straßen fahr',

das Fremde über die Dächer fegt,

sich neuer Glanz auf die Häuser legt,

wird mir bewusst,

nichts bleibt so, wie es einmal war.

Nur ich,

ich bin immer noch die Gleiche.

Nur, dass ich Mama nicht mehr

nur bis zur Schulter reiche.

Ich kann nicht glauben,

dass ich so lange weggewesen bin.

Jungen sind Männer

und Mädchen sind Frauen.

Wo sind all die Jahre hin?

Ich glaube,

ich bin ganz umsonst abgehauen.

Flüchten,

um zu finden.

Fahren,

um doch still zu stehen.

Das Licht ausmachen,

um nicht zu sehen

und die ganzen anderen

verdrängenden Sachen

zeugen von Unsinn,

Naivität und Selbstbetrug.

Auf meiner Reise hielt ich mich für klug,

doch nach meiner Rückkehr,

wohl nicht klug genug.

Vor mir selber her einen Marathon laufen,

ich habe es satt,

das Leben zu beschnaufen.

Vielleicht lässt mich die Heimat,

als schützender Rahmen,

als Frühlingsstart,

für den noch schlummernden Samen,

mich selber erkennen,

ausprobieren und zeigen.

Mich beim Namen nennen

und mich mit mir selber kleiden.

Viele Tage auf Reisen verbringen,

die allesamt gemütlich Zuhause ausklingen.

Heimat.

Mohnblume

Am asphaltierten Straßenrand

tanzt ein Farbenspiel aus rot.

Im Spiel des Windes wiegt sich ihr Gewand,

doch ist ihre Vollkommenheit bedroht.

Das Licht bricht sich im Blütenblatt,

auf dem ein Wassertropfen thront.

Alles ringsherum erscheint so matt,

doch wird durch ihre Beschaffenheit,

ihre Verletzlichkeit betont.

Auf uns

Ich halte an uns fest,

denn ich glaube an uns.

Und wenn du mich jetzt lässt,

dann siegt dieser Kuss über die Vernunft.

Zusammen finden wir Orte,

an den noch keiner vorher war.

Und wir sagen Worte,

direkt, deutlich und klar.

Und sagt der Kopf nur *vielleicht*,

doch das Herz schon längst *ja*,

gibt es kein Geschwafel drum herum,

denn die Botschaft ist klar.

Ein Herz lässt sich nicht richten,

nach Wahrheit oder Pflicht,

weil es immer seine eigene Wahrheit spricht.

Also schau' mir in die Augen.

Sag, siehst du das Gleiche in mir?

Diese funkelnden Sterne,

die ich sehe in dir?

So wie Leuchtkanonen,

durch die alles in mir explodiert.

Ich sinke in deine Arme,

während ich nach dem passenden Satz

in meinem Kopf krame,

doch ist da einfach nur für deinen Namen Platz.

Im Versuch, dich zu berühren,

entgleitest du mir.

Denn Schönheit lässt sich nicht spüren,

wenn ich sie nicht auch sehe in mir.

Ich möchte uns in echt

und nicht in Perfektionismus getaucht.

Denn jede Facette hat sein Recht,

weil auch das Licht die Dunkelheit braucht.

Wir wollen selbstlos sein,

um den anderen mit Glanz zu segnen,

denn jeder hat davon genug.

Manchmal, wenn zwei Menschen sich begegnen,

ist die Liebe am Zug.

Wenn Blicke Pfade zum Herzen ebnen,

braucht es etwas Mut,

nicht betreten zu Boden zu blicken,

weil Gefühle plötzlich Körperteile in Bewegung schicken

und Münder aufeinander treffen.

Wer ist eigentlich ureigentümlicher Gründer

von der Liebe?

Gott oder das Universum vielleicht?

Rosenstolz wollte aus Liebe alles wissen,

doch mir reicht es, wenn ich weiß,

dass du heute Nacht bleibst.

Denn Morgen ist noch nicht geschrieben.

Und wer weiß,

ob wir uns dann wieder ineinander verlieben.

Vielleicht bleiben wir auch einfach hier liegen,

sodass Heute nicht vergeht.

Die Welt kann ruhig mal stehen bleiben,

weil sich in mir eh schon alles dreht.

Ich hätte nicht gedacht,

dass ich mal etwas so wollen würde,

wie nackte Haut und mich mit dir.

So lerne ich mich immer besser kennen,

indem ich mich in dir verlier'.

Kaum zu glauben, dass ich erst jetzt erkenne,

was zu leben wirklich heißt.

Was wiederum beweist,

dass ich kleiner Mensch von der Liebe

viel zu wenig weiß.

Doch mit dir macht mir das keine Angst,

wenn ich im Ungewissen schwank',

weil du mit mir gehst das Stück,

das ich nicht alleine gehen kann.

Wir lassen Teile von uns zurück,

um schneller voranzukommen,

um anzukommen, irgendwann.

Vielleicht.

Steht die Frage schwer im Raum,

die wir uns nicht auszusprechen trauen:

„Ist das hier für immer?"

Aber hey,

man soll ja doch die Fragen leben!

Drum hoffe ich,

auf uns wird es nie eine Antwort geben.

Seelensplitter

Vom Winde verweht,

sammle ich meine Seelensplitter auf.

Gut verstaut in der Jackentasche,

nehme Löcher in Kauf.

Das Leben kann mehr sein,

als ein Leiteraufstieg,

weil man manchmal von unten plötzlich

viel weiter sieht.

Ich hatte schon immer Höhenangst

und Enge treibt mich an,

nur noch sichtbarer zu sein.

Nachts kann ich umso heller schein'.

Schon von Kindesbeinen an

nehme ich Pippis Rolle ein.

Nägel essen und dadurch magnetisch sein.

Die Liebe anziehen,

wodurch sich Plus und Minus verein'.

Ich bin ein Farbenspiel der Grautöne.

Ein Geschöpf, das schöne,

aber auch hässliche Farbflecken hat.

Und meine Seele hat den stumpfen Bleistift so satt.

Der Anspitzer raubt die Energie,

staut sich alles nur auf,

und eine ruhige Hand hatte ich nie.

Ich wollte immer alles jetzt und sofort,

habe in die Ferne geträumt,

aber gelebt nur in diesem kleinen Ort.

Der Karre fehlt der Rücktrieb,

schon so oft festgefahren.

Und die Kratzer auf dem Lack

zeugen von Orten,

an denen wir waren.

Falsche Route,

nur im Kreise gedreht.

Stets an die Liebe geglaubt,

nur dass man ihre Zeichen

manchmal falsch versteht.

Oder gar nicht?

Vom Licht geblendet,
vom Anblick getäuscht.
Energie an Äußerlichkeiten verschwendet,
meine Wangen werden feucht.
Ich habe nicht gemerkt,
dass ich weine.
Jede Träne macht mich stark,
weil sich in dem See voller Liebe
mein Potenzial verbarg.
Aus diesem ich jetzt schöpfe
und die nächste Flasche Wein köpfe.
Doch nicht allein.
Vielleicht mit dir?

Der blutige Trank,
mag heute unser Lebenselixier
sein,
bis ich mich ganz in den
schemenhaften Konturen
der Liebe verlier'.

Sind die Tropfen auf dem Teppich

noch immer hier,

du schon längst nicht mehr.

Die letzte Liebe gilt letztendlich nur mir.

Liebe Seele

So frage ich dich, liebe Seele,

wie kommst du hierher

und ich hier raus.

Wenn ich dir jetzt deine Weisheit stehle,

weiß ich dann, wer

und worauf hinaus,

ich bin

und das hier führt?

Nenn mir den Sinn:

Warum hat die Welt mich einst verführt?

Du bist so groß,

ich fühle mich klein

und diese Welt packte mich ein,

in Kisten und Kartons.

Mit Aufschriften „So musst du sein"

und „Das kann weg".

So saß ich oft in den falschen Wagons,

stand schulterhoch im Dreck.

Ich führte ein Leben gebeugt

und nicht aufrecht.

Ich bin schon so weit gegangen,

doch kam ich nicht vom Fleck.

Jetzt frage ich dich, liebe Seele,

wie weit muss ich noch gehen,

bis ich nachts nicht mehr nur die Sterne zähle,

sondern kann ihre Sprache verstehen.

Ich fühle mich mehr vertrocknet

als zum Aufblühen bestimmt.

Sag Seele, wann du mich erleuchtest,

denn mein Licht, das ist gedimmt.

Ich kenne meine Farben nicht,

nur meine Schatten sind präsent.

So wie, wenn man täglich Worte spricht,

hinter denen man sich nicht erkennt.

Ich wäre so gerne lauter.

Ich wäre so gerne hell.

Ich wäre so gerne vertrauter

und per Du mit dir und dieser Welt.

Doch so übe ich mich in Höflichkeit,

weil es das ist, was gefällt.

Ich glaube, gefallen bin ich noch nie,

denn viel zu sehr halte ich an allem fest.

Außer mein Herz, das ich oft verlieh.

Du Seele, ich könnte dich vielleicht verstehen,

wenn du mich lässt.

Liebe für drei

Wenn ich erzähle,

komme ich nur selten zum Punkt.

Vielleicht habe ich Angst,

anzukommen

und dass etwas endet.

Weil nach jedem Satzschlusszeichen

die Möglichkeit besteht,

dass du dich abwendest.

Ich will nicht,

dass du mich falsch verstehst

und aufgrund von Worten gehst.

Weil viel mehr die Tat zählt,

ziehe ich dich nah zu mir,

nur dass ich nur halb bin bei dir.

Du gibst mir so viel,

wie kann ich mich da unvollständig fühlen?

Ist traute Zweisamkeit nicht das Ziel

in einer Partnerschaft?

Wie kann es sein,

dass da noch ein Dritter

in mein Herz reinpasst?

Ich schlafe ein,

mit Gedanken an den einen

und wache auf,

mit Gedanken an den andern.

Man könnte meinen,

dass meine Gedanken nur auf den Wegen

des Egoismus wandern.

Aber diese Liebe für drei,

sie entspringt meinem Herzen.

Du, der andere und ich,

wir sind das,

wovon jeder Mensch

in seinen Träumen spricht.

Dieser Wind, der sich legt

und Frieden bringt.

Die Seele, die sich im Takt

des Herzens bewegt

und das Lied der Liebe singt.

Wie kann es sein,

dass meine Liebe für mich

und zwei Menschen reicht?

Warum muss man sich im Leben

immer entscheiden?

Um das eine zu bekommen,

muss ich das andere meiden.

Wer zeigt mir,

wie man sein Herz eicht?

So versuche ich zu lieben

nach Listen und Protokoll.

Ich frage mich, was das Ganze soll

und warum ich Gefühle hab',

wenn ich sie nicht nach außen zeigen darf.

Und irgendwie verpasst man doch sein Leben,

wenn man immer nur nickt ganz brav.

Und wer hat je gesagt,

was, wen und wie viele ich lieben darf?

Die Bibel zeugt von Gottes Wort,

doch das hat ihn wohl noch nie jemand gefragt.

Ich würde die 10 Gebote gerne ergänzen

und Regeln halten unsere Seele

ja doch nur in Grenzen.

Was ist,

wenn das wirklich unsere Bestimmung ist?

Wie kommt man da raus,

dass wenn man bei dem einen ist,

den andern so sehr vermisst,

dass man den einen vergisst?

Ich würde gerne mich selbst vergessen,

von neu beginnen

und das Backup meines Herzens löschen.

Ich wäre gerne von einem Menschen

weniger besessen,

um über das Dilemma zu gewinnen.

Die Prinzessin schuldet einen Kuss

auch nicht zwei Fröschen

und was man sagt, muss man halten,

doch lässt sich mein Herz

nicht moralisch verwalten.

Entweder ist es zu dumm
oder einfach zu groß.

Aber diese Liebe für drei,
sie entspringt meinem Herzen.
Du, der andere und ich,
wir sind das,
wovon jeder Mensch
in seinen Träumen spricht.
Dieser Wind, der sich legt
und Frieden bringt.
Die Seele, die sich im Takt
des Herzens bewegt
und das Lied der Liebe singt.
Wie kann es sein,
dass meine Liebe für mich
und zwei Menschen reicht?
Warum muss man sich im Leben
immer entscheiden?
Um das eine zu bekommen,
muss ich das andere meiden.

Wer zeigt mir,

wie man sein Herz eicht?

Wie kann es sein,

dass meine Liebe für drei reicht?

Der Gedanke

Ich schaue in die Sterne,
doch sehe nur tiefes Schwarz.
Meine Gedanken schweifen ab in die Ferne,
wo es heller scheinen mag.
Und manchmal wäre ich gerne
auch so frei und wandelbar,
wie meine Gedanken,
die aus Impulsen ranken
und durch Emotionen gedüngt werden.

Mein Schwinden ist kein Sterben,
sondern eine Transformation.
Ich weiß, ich kann Liebe werden
und ein Stück weit bin ich es schon.
Meine Kommentarfunktion
lässt sich zwar nicht beheben,
doch kann ich leiser werden
oder mich in andere Stimmfarben begeben.

Schwindet dann mein Schein
und führe ich zur Erkenntnis,
höre ich auf zu sein
und es folgt Verständnis.
Die ich aber gar nicht zwingend brauche,
weil ich zu jeder Zeit immer auftauche.
Nur halten sollst du mich nicht,
denn dann bekomme ich Gewicht.
Und ich möchte nicht neben dir existieren.
Viel lieber will ich deine Ziele anvisieren,
mich wie der Morgennebel im Tage verlieren
und dir ein Freund sein,
kein Feind.
Möchte wie ein Stern für dich
am schwarzen Himmel schein',
der Angst und Liebe eint.

Ich gab dir *mein Herz*

Du hast mir so viel gegeben,

zeigtest mir den Wert meines Lebens.

Hast gewusst, wie du's schaffst,

wie du mich glücklich machst.

Dank dir weiß ich,

wie es ist zu leben,

so richtig intensiv.

Habe erfahren,

wie es ist zu geben,

und was mit mir dann geschieht.

Denn ich gab dir mein Herz,

und habe richtig geliebt.

Und du hast es gehütet,

hast es geschützt, als wäre es deins.

Hat der Sturm über unser Leben gewütet,

hast du mir gesagt,

du bist auch schön,

wenn du weinst.

Dein tiefes Lachen

war der schönste Klang auf der Welt.

Ich hatte gehofft,

dass du mich für immer hältst.

Deine Küsse

waren das schönste Gefühl auf meiner Haut.

Du hast mich geführt,

ich habe dir stets blind vertraut.

Unzählige Male hast du mich berührt,

und jedes einzelne Mal

überkam mich eine Gänsehaut.

Jetzt bin ich jede Nacht eine von vielen,

die allein in die Sterne schaut.

Ich gab dir mein Herz.

Gehe jetzt ohne dich

mehr Schritte rück- als vorwärts.

Durch dich fühlte ich mich komplett.

Hast mein Herz geschützt, als wäre es deins.

Kam ich abends abgeschminkt ins Bett,

dann hast du mir gesagt,

du bist noch schöner,

als du scheinst.

Und jedes Mal,

wenn ich in den Sternenhimmel schau',

weiß ich ganz genau,

ewiglich wirst du mein Herz schützen,

als wäre es deins.

Dein hellleuchtender Stern zeigt mir,

du bist so viel schöner,

als du scheinst.

Busfahrt

Das alte Bushäuschen

mit Graffiticodes besprüht,

doch hält dieser Ort den Schlüssel

zum Leben versteckt.

Und meine Spraydose sprüht schwarz.

Kugelrasseln zuwider meines Herzschlages.

Farbfehler,

die falschen Töne gemischt.

Jetzt spiegelt sich mein Gesicht

in diesem grauen Wisch.

Und der Busfahrplan veraltet,

so wie mein Lebenslauf vergilbt ist.

Der Busfahrer nickt mir stumm zu,

trotz falscher Fahrkarte.

Wünsche mir, dass mein Ziel ein anderes wär'.

Meine Seele mir 'ne Whatsapp schickt,

worauf ich eigentlich noch warte,

um die Veränderung zu leben.

Wie ein schlechter Werbeslogan,

der einen Tag ein Tag aus verfolgt.

Mit jedem Tür auf Tür zu,

sausen Chancen an mir vorbei.

Ein Seufzer, der nach Erlösung schreit.

Schweißtropfen auf der Stirn.

Fühle mich wie eine Kamikazin,

trage die Armbanduhr mal rechts

und die Unterhose auf links gedreht.

Im Inneren viel,

im Außen scheinbar nichts bewegt.

Mädchen

Sie möchte wissen,

wie es ist zu lieben.

Lieben und geliebt zu werden.

Aus sich ausbrechen und vertrauen,

mehr auf den anderen als auf sich selber bauen.

Zweisamkeit spüren,

im Einvernehmen handeln.

Die Hand halten,

doch das Herz berühren.

Negatives in positive Gefühle umwandeln.

Situationen erleben,

in denen Worte überflüssig sind.

In unwirklichen Empfindungen schweben,

all die Sorgen vergessen,

als wäre sie wieder ein Kind.

Sorgen fortgetrieben vom Wind.

Sanfte Brise von Küssen

und nur noch wollen, nichts müssen.

Sich fallen lassen in Arme,

die Sicherheit geben.

Auf Wolke sieben schweben,

im Wechselspiel nehmen und geben.

Laut lachen und bitterlich weinen,

dem anderen dadurch nur noch schöner erscheinen.

Gefühle so süß und intensiv,

eine wahrhafte Liebe,

wie der Ozean so tief.

Nicht mehr klar denken,

nur das Herz kann lenken.

Heute Nacht will sie es ihm schenken.

Sterne

Der Stern am Himmelszelt,
die Hoffnung in den Armen hält,
das Unklare daran zerfällt
und neue Chancen offenhält.

Sterne in der Nacht,
hell glänzend, ganz sacht,
Freiheit entfacht,
Hoffnung auf die Verbesserung macht.

Sterne hell leuchtend,
sie weisen den Weg,
wenn man nicht weiß,
wie es weiter geht.
Ein Licht im Dunkeln,
ein Fels in der Brandung,
ein vielversprechendes Funkeln,
die sichere Landung.

Sterne zeugen von romantischer Stimmung
und so viel Erinnerung.
Sterne zeugen von den Spuren des Lebens,
dieses sie tagtäglich verfolgen.

— *Was Sterne wohl über uns denken?*

Mein *bekleidetes* Herz

Es heißt doch,
jede Frau hat ein kleines Schwarzes im Schrank
und Schuhe mit 10 cm Absatz,
auf denen sie gerade geht,
doch innerlich schwankt sie.
Ihre Seele fällt auf die Knie.
Du reichst ihr die Hand.
Du spendest Verständnis
und Widerstand,
sie dem Dunkel zu überlassen.
Und wenn sich eure Hände zu fassen
kriegen in der einst geglaubten Leere,
sprengt ihr gemeinsam eure Sphäre.
Ihr mischt rot hinzu
und auch ein bisschen gelb.
Und dazu der Schmerz,
der euch wie Klebstoff zusammenhält.

Heute trage ich den Schmerz,

einfach so

und ich bin froh,

dass du ihn mit mir hältst,

einfach so.

Und mein Herz,

gekleidet mit Schmerz,

schlägt so laut

und energetisch,

dass ich fast glaub',

es ist möglich,

dass ich Freude hinzumisch'.

Warum alleine schweren Schrittes gehen,

wenn wir auch zusammen schweben können?

Warum die Steine alleine fortbewegen,

wenn wir sie auch einfach da sein lassen können?

Und wenn sich unsere Hände zu fassen kriegen,

in der einst geglaubten Leere,

sprengen wir gemeinsam unsere Sphäre.

Wir mischen violett hinzu

und auch ein bisschen blau.

Und dazu der Schmerz,

den ich mir dir zu zeigen trau'.

Heute trage ich den Schmerz,

einfach so

und ich bin froh,

dass du ihn mit mir hältst,

einfach so.

Und mein Herz,

gekleidet mit Schmerz,

schlägt so laut

und energetisch,

dass ich fast glaub',

es ist möglich,

dass ich Freude hinzumisch'.

Vielleicht gibt es auch kein *uns,*

aber es gibt immer ein *mich.*

Und der Schmerz zeigt mir mein wahres Gesicht.

Und wie stark ich doch bin.

Das Mädchen mit Löwenherz

und erhobenem Kinn,

dass das Träumen nicht lassen kann.

Wenn meine Hände heute fassen,

in die tatsächliche Leere,

und ich einfach bleibe in meiner Sphäre,

brauche ich keine weiteren Farben.

Ich bin mir selbst schon bunt genug.

Und ich weiß,

ich darf auch mal den Schmerz tragen.

Deshalb trage ich ihn heute.

Dass er da ist, zeigt mir,

dass ich etwas bedeute.

Und so trage ich den Schmerz,

einfach so

und ich bin froh,

dass du ihn mit mir hältst,

einfach so.

Und mein Herz,

gekleidet mit Schmerz,

schlägt so laut

und energetisch,

dass ich fast glaub',

es ist möglich,

dass ich Freude hinzumisch'.

Und dein Herz,

gekleidet mit Schmerz,

schlägt so laut

und energetisch,

dass du fast glaubst,

es ist möglich,

dass du Freude hinzumischst.

Treibende

Ich befrage die Sterne,

was das hier mit uns ist

und was das hier mit uns wird.

Leuchtend in der Ferne

antworten sie mir sacht,

dass du die Antwort bist

und dass eine Definition die Liebe nur stört.

Also schreiben wir uns eine eigene

und wachsen in sie hinein.

Denn im Fluss des Lebens sind wir Treibende,

die sich von jeglicher Regel befrein'.

In Liebe, dein Körper

Ich werde auf dich warten,
bis du findest, was dir fehlt.
Ich werde leise schlummern,
bis du bereit bist, durchzustarten
und erkennst, was wirklich zählt.

Auch wenn dort draußen alles zerfällt,
ich bleibe deine Herberge,
die jedem Sturm standhält.
Mit meinem hochgebautem Damm,
der jeder Gefühlsflut trotzen kann,
bin ich dein Haus
und dein Versteck,
wenn du dem Leben einfach nicht vertraust.

Ich werde dich immer lieben,

egal, wie doof du mich auch findest.

Ich werde dich gerade dann lieben,

sodass du all die Selbstzweifel überwindest.

Ich werde dich niemals verbiegen,

also bitte, verbiege auch nicht mich.

Glücklich stehen wir uns am besten.

Hey, ich liebe dich!

Wenn es nicht *gut* **ist,**

                 ist es nicht *das Ende.*

Noch bevor ich anfange,
wünsche ich mir das Ende herbei,
denn das soll ja immer gut sein.
Sonst ist es ja nicht das Ende.

Bevor ich zu viel verlange,
gebe ich mich mit dem Kleineren zufrieden.
Ich bin das letzte Anhängsel einer Kehrtwende
und jede Diskussion kam zum Erliegen,
denn ich habe sie totgeschwiegen.

Ich will immer alles jetzt und sofort,
mir geht es nie schnell genug.
So passiert es oft,
dass ich gar nicht vorwärtsgehe,
weil mein Fuß nicht den ersten Schritt tut.

Ich bin oft schüchtern und leise
und traurig gestimmt,
dabei bin ich nur vor Wut schon ganz blind.
So verzichte ich auf manch' meiner Sinne,
doch wird ein andrer dann nur noch stärker -
einen Kampf, den ich nie gewinne.

So versuche ich Gedanken nicht zu denken
und lade sie damit herzlich ein.
Sie streifen sich noch nicht mal ihre Schuhe ab
und tragen ihren Dreck in meine Wohnung hinein.
So lästig der Hausputz,
ich kleistere mich ein.
Als Statue an die Wand gebracht -
ich könnte schöner nicht sein.

Und so denke ich wieder ans Ende
oder an den Anfang.
Es ist doch irgendwie gleich.
Ich schaue auf meine Hände,
weil mein Blick bis zu den Füßen nicht reicht.

Doch auch Statuen formt man aus Händen
und ich forme Verse mit meinem Herzen.
Gedichte hängen nun an den Wänden
und sie jammern vor Schmerzen.
Auch ihr Ende steht zu den Zitaten konträr,
denn gut bedeutet nicht immer das Ende
und das Ende ist auch nicht immer gut.
Manchmal fährt das Leben halt gerne
zehntausend Meilen im Gegenverkehr
oder man selbst fährt es gegen Wände.
So bleibe ich heute zu Hause
und lasse überhaupt erst gar keinen Anfang zu.
Doch dann trag' ich die Angst immer dicht bei mir
wie auf der Haut ein Tattoo.

So blicke ich an die besagten Wände
und verfange mich im Nichts.
Denn die Angst vor dem Ende ist es,
die zu jedem Menschen spricht.
Mal lauter, mal leiser.
Mal kräftig, mal heiser.
Ich unterwerfe mich ihr,

wie das Volk seinem Kaiser.

Und so lebe auch ich

mal lauter, mal leiser,

doch niemals ganz frei.

Ich spreche eher

heiser als kräftig

und so zieht das Leben an mir vorbei.

Warum habe ich Angst vor dem Ende,

wenn ich sowieso nicht wirklich lebe?

Warum habe ich Angst vor dem Anfang,

wenn ich ihn eh mit Gestern verwebe?

Und was ist eigentlich mit dem Jetzt,

durch das man immer so hetzt?

Jetzt ist weder Anfang noch Ende,

sondern irgendwie beides und nichts.

Und bevor jetzt wieder jemand Schlaues

so ein schlaues Zitat spricht,

hänge ich mir den Spruch schnell an die Wand:

„Das Leben ist jetzt!"

Ich schaue auf meine Hand

und sehe, wie sich das Tattoo langsam zersetzt.

Und bevor jetzt wieder jemand Schlaues

so ein schlaues Zitat spricht,

umarme ich die Hoffnung

und lösche das Licht.

Gute Nacht!

Dann ist es *okay*

Ich fühle heute schon den ganzen Tag alles in mir,

nur nicht mich.

Ich spreche Worte aus,

nur um sie auszusprechen,

doch leben tue ich sie nicht.

Aus mir wollen Weisheiten heraus,

nur um sie dann selber zu brechen.

Schaue ich zurück,

frag' ich mich,

ob sich das Leben rächen will.

Doch bin ich für einen Moment mal still,

erkenne ich,

es ist nicht die Welt dort draußen,

sondern ich,

die mir nichts Gutes will.

Weil ich nicht einforder',

was mir zusteht.

Weil ich nicht sage,

was ich wirklich fühle.

Wie soll ich Aussagen leben,
die mir nicht entsprechen?

Eine Knospe kann nur aufbrechen,
wenn sie Wärme erfährt
und Liebe und Schutz.
Wenn sie sich von Wasser
natürlichen Ursprungs ernährt
und nicht von chemischen Substanzen
oder vorgespielten Menschen.
Ich weiß,
manchmal gerät auch Liebe an ihre Grenzen
und die Wahrheit tut weh.
Und zieht sich mancher Weg
und ist wie ein Kaugummi so zäh,
bin ich sicher,
wenn der Weg hier wirklich meiner ist,
dass ich am Ende ein Licht seh'.
Und vor allem mich selbst.
Mich selbst,
so groß wie nie zuvor.

Dann bin ich es selbst,

die mich hält,

wenn ich mal stolper

und mich begleitet durch das Tor,

das mich führt von dieser Welt.

Doch das ist okay,

weil ich in jedem zurückgelassenen Gedicht,

in jedem Wort,

in jeder Blume,

in jedem Kind,

in jedem Ort

und in der Sonne

und dem Wind

mich selber seh'.

Dann ist zu gehen okay.

Die Krankheit

der neuen Generation

Schrilles Weckerklingeln um 5:54 Uhr.

Schlummertaste drücken

und denken: „Nein, ich will nicht!"

Lieber den Traum

noch weiter ausschmücken,

als der Hässlichkeit des Morgens

ins Gesicht zu blicken

oder deinem eigenen Spiegelbild.

Noch kurz die Icebreaker

auf Lovoo weiterklicken

und bei Instagram wie wild

Likes verschicken.

Nur dir selbst

hast du schon lange

kein nettes Kommentar mehr hinterlassen.

Mit den Storys der anderen hältst
du dich bei Laune,
um dich nicht mit deiner eigenen
Bad-Life-Story zu befassen.
Du trittst anstatt in Sonnenflecken
eher so in braune Haufen,
dessen Geruch dich erinnern
an deinen aktuellen Lieblingsspruch:
„Same shit. Different day."
Und du willst mal kurz anmerken,
so by the way,
du warst auch mal anders
und irgendwie auch mehr.
Du wusstest, du kannst das
und das Leben ist gar nicht so schwer.
Wenn du dich fragst
nach dem Wendepunkt
und du die Antwort vertagst,
weil du Angst hast vor der Stund',
vor der Stunde der Erkenntnis.

But now it's time to kiss the stars

und wieder mehr der zu werden,

der du warst.

Was macht einen Menschen hart?

Sag, was hast du erlebt?

Warum zeigst du dich nicht stark?

Weißt du, auch der größte Schmerz vergeht.

Wenn du vertraust

und dein Haus baust,

auf Beton und Lehm

und wenn du beginnst, darauf zu stehn',

auf Liebe und Vertrauen.

Und du musst nicht weiter gehen,

wenn dir nicht danach ist.

Dein Leben muss niemand verstehen,

solange du glücklich bist.

Also schmeiß die Sorgen über Bord

und die Selbstzweifel gleich hinter her.

Ich frage mich auch oft,

wer ich mit Logik betrachtet wirklich wär'.

Und ob ich mir so gefallen würde.
Doch dem gehe ich nicht weiter nach,
denn ich weiß, ich darf auch Fehler machen
und unlogisch sein,
bei unangebrachten Gelegenheiten lachen
und in deinen Armen wein'.
Wenn mir danach ist.
Denn diese Welt vergisst,
dich und mich.
Und morgen sind wir
schon wieder mehr als jetzt
und vielleicht habe ich mich
auch wieder mal verschätzt,
weil ich dachte wir wären mehr
und das Leben wäre nicht so schwer.

Wir hätten das gekonnt -
zusammen.
Doch ich bin jetzt so weit alleine gegangen,
denn du bist stehen geblieben
und wolltest lieber Social Media
nach Liebe durchsieben,

als in uns etwas zu sehen.

Und in dir etwas zu finden.

Vielleicht muss man manchmal gehen,

um durch die Entfernung

Orientierunglosigkeit zu überwinden.

Verlassen, um wiederzukommen.

Ich frage mich,

wann hast du begonnen,

im Außen zu suchen,

was du in dir verloren hast.

Ich stehe hier

mit deinem heißgeliebten Schokokuchen

im Regen und werde nass.

Doch es ist genau das,

was uns echt macht.

Und jede Kalorie ist es mir wert,

zu sehen, wie mit jedem Bissen

das Leuchten in deine Augen zurückkehrt.

Und dein Herz durch den Zucker

neue Fahrt aufnimmt

und das Lächeln die Kontrolle

über deine Mundwinkel gewinnt.

Am Küchentisch Instastorys machen,

einfach weil uns danach ist.

Reden über belanglose Sachen,

bis man die Zeit vergisst.

Eigentlich haben wir

nichts Wichtiges zu sagen,

doch ich würde dich

jetzt so gerne fragen,

ob wir diesen Moment

in der leeren Weinflasche einfangen wollen

und ob du glücklich bist.

Um in Bad-Life-Times

in unserem Feed zurückzuscrollen

und den Geruch des Weins einzuatmen.

Und wieder zu starten,

einen neuen Versuch,

für ein neues Rezept.

Von dir eine Prise

und zwei Gramm von mir.

So viel Gewürz, dass ich niese,
doch deinen Blick nicht verlier'.
Der in die gleiche Richtung geht,
für Unbekanntes, Neues steht.

Wie ich so mein Handy zur Seite leg',
ist meine Hand plötzlich frei für deine.
And I'm shocked,
dass ich auf einmal heller scheine.
Und auch du so losgelöst
von Zweifeln, Regeln, Druck.
Du brauchst keinen Filter oder Schmuck
und keine gestellten Leben als Inspiration.
Social Media verbunden mit Selbstzweifeln
als die Krankheit
der neuen Generation.

An Dich

Du sagst, du siehst die Wellen.

Du sagst, du siehst das Meer.

Denn was eben grade noch war,

das weißt du nicht mehr.

Lässt dich einfach treiben,

von der Sintflut getrieben.

Gefühle bereits tausend mal niedergeschrieben.

Obwohl du nie vor hattest, Gedichte zu schreiben.

Vorsätze gibt es für dich nicht,

du machst alles ganz nach Gefühl.

Und so schreibst du ganz schlicht,

deine Worte geblendet vom Licht.

Wenn du schreibst,

schreibst du aus Leidenschaft.

Jedes einzelne Wort,

nicht lange durchdacht.

Du musst dich nicht verstellen,

schreibst einfach so, wie du bist.

Du schreibst das,

was du denkst,

weil es die Wahrheit ist.

Du schreibst auf,

was du hörst,

was du fühlst,

was du siehst,

was du liebst,

was du träumst,

was du riechst,

was du schmeckst,

weil du somit das Leben in deinen Texten erweckst.

- ***Trau Dich zu schreiben.***

Wer schreibt, der versteht.

                    Wer schreibt, der bleibt.

Danksagung

Zuallererst möchte ich meiner Oma Sigrid danken. Ohne deinen Glauben an mich und dein stets offenes Ohr für meine Gedichte hätte ich dieses Buch niemals geschrieben. Dann bedanke ich mich bei meinen Eltern und meinen beiden Brüdern, dass ihr mich stets unterstützt und geduldig darauf vertraut, dass ich meine Ziele erreiche, auch wenn ich mich auf Umwegen befinde. Ein großer Dank geht auch an meine beste Freundin Sabrina. Du begleitest mich nun schon fast mein ganzes Leben lang. Sowie Lisa, denn du brauchst mich nur anzuschauen und weißt sogleich, was mich bewegt.

Ich danke dir, Rahsan, dass ich mit dir über die Tiefen des menschlichen Daseins reden kann und du dich der Rohversion dieses Buches angenommen hast. Mein Dank geht auch an Denise, denn du hast mich stets mit Tipps und Tricks für das Buchprojekt versorgt. Natürlich möchte ich auch dir danken, liebe:r Leser:in, dass du meinen Gedichten eine Chance gegeben hast. Ich hoffe, dass sie dich dort berührt haben, wo sie bei mir entstehen: Im Herzen. Zuletzt gilt mein Dank allen Menschen, die mein Leben jemals gekreuzt haben, denn durch euch durfte ich mutig sein und zu der Frau werden, die ich heute bin.

In Liebe,
Mira

Über die Autorin

Mira Witte lebt als freie Schriftstellerin und Künstlerin mit ihrer Katze Fairy in einem kleinen Dorf nähe Braunschweig. Schon von Kind an schreibt sie Gedichte, um ihre Gefühle zu verarbeiten und sich selbst sowie die Welt ein kleines Stück besser zu verstehen. Mira studiert Lehramt für die Grundschule an der Technischen Universität Braunschweig und sie gibt leidenschaftlich gerne Reiki und Meditationskurse. Als Sonnenzeichen Skorpion hat sie sich den Tiefen des Lebens und der menschlichen Seele angenommen und sie liebt es zwischen Licht und Dunkelheit zu tanzen.

Weitere Informationen unter:

www.mirawitte.de

Instagram: dubistmagie